微动作心理学

动　作　出　卖　内　心

王志艳　周强——编著

哈尔滨出版社
HARBIN PUBLISHING HOUSE

前　言

当一个陌生人站在你面前时，你如何利用有效的几分钟，甚至几秒钟，来了解对方的为人？怎样迅速找到他的喜好，拉近彼此的距离？怎么判断他所说言论的真实性？

大多数人都是依靠第一印象来建立对对方判断的基础，得出答案。但事实上只靠第一眼的表情观察、言语倾听，根本无法在短时间内真正了解他人的想法。因为有很多人善于伪装：也许嘴上带着笑容称赞你，心里却在连篇累牍地咒骂；也许已经做了 NO 的决定，却哈哈大笑说有兴趣继续合作……这些人用比专业演员还要更自然的技巧努力隐藏起自己的真实情绪，只要稍不留神，就会掉进他们精心设计的“圈套”。

杜绝“圈套”，绝杀对手，最有效的方法是注意对方的微动作。所谓微动作，是人们在试图隐藏某种情绪时无意识做出的、短暂呈现的、细微的不易察觉的肢体动作。微动作通常会在人们的情绪产生急剧转变时出现，是无法伪装的。它就是人们内心情绪的一个“在线阅读器”，一个陌生人的心理有什么样的活动内容、情感表达，都可以通过微动作一览无遗。尽管有学者证明它在 1 / 25 秒内就会一闪而过，但只要你掌握了窍门，细心观察，依然可以把这转瞬即逝的 1 / 25 秒变为强大的绝杀力——令对手无处遁形。换句话说，从商场谈判、求职面试到日常交流，谁懂得掌握微动作，谁就掌握了成功的主动权！

这本书收集了各种场合产生微动作的情形，并结合实际情况加以详细说明，手把手教会你捕捉陌生人的微动作、分析微动作、判断微动作，让你短时间内成为一把高倍数的“阅读放大器”，从陌生人的眉毛抖动、嘴角不经意的一撇、手臂的下意识抱紧中，洞察一切可能没有隐藏好或者故意暗示的信息。一旦这个放大器像嗅觉灵敏的警犬一样捕捉到这些细微的动作，你就会发现：读懂人心不再是难事！

CONTENTS

目录

第六章　肢体姿势与动作是内心世界的真实反映

第七章　弦外之音：语音语速背后的秘密

第一章

身体微动作的秘密

面部表情可以传达一个人最真实的内心，而有些人面部表情天生匮乏，让人难以看出。由于肢体语言是大脑的“潜意识”在控制，所以就算是那些看似寻常的手脚动作也包含了很多信息。学会观察他们下意识的微动作，再对其加以分析、判断，往往就能了解对方的真实意图，不但能透露出他们的性格，也能暴露出他们的情绪。甚至在一定程度上，肢体动作传递出的信息比语言更准确、比表情更易懂。从肢体动作中读取他们的心理活动，了解他人的真实想法，洞悉陌生人的性格，可以在人际交往中掌握主动权。

1. 手的秘密

我们偶尔会听到这样的评价："你的手真好看，又细又长！"或是"你的指关节好粗啊！"我们偶尔也会观察自己的手和别人的手有什么不同，每个人的手型都不一样，没什么好大惊小怪的。可是你猜到过吗？手也是内心世界的外在反映。

科学研究表明，手部有着丰富的神经，是人身上神经末梢最多的地方之一。俗话说"十指连心"，手的颜色、结构、肌肤粗细、柔韧程度、指形，甚至指甲，都隐藏了一个人的脾性。

总体上来说，手可以分为六种形态。

手部整体较小，手掌长而纤瘦，手指呈椭圆形，指尖较细，手上的皮肤白而柔软，指甲呈杏仁形。这是富有理想的手，是爱好艺术、幻想、浪漫的诗人、舞者和文人的手。拥有这种手型的人，无论男女，皆比较敏感、爱美，同时也往往会好高骛远，心比天高。

比起理想型的手，安逸型的手略短、稍宽，手指略尖。这种手的主人们也是艺术的、敏感的、冲动的、细巧的。可是他们喜欢安逸的生活，懒散自由才是他们的真正追求。他们无法承受"受制于人"的生活，甚至为了追求安逸而心甘情愿地埋没自己的艺术天分。进一步观察他们的拇指，就可以了解他们是否有所成就。如果他们的拇指是坚硬的，那说明他们有所建树；如果他们的拇指是是软弱的，那说明他们还处于自甘堕落之中。

哲学家的手型是关节骨明显凸出的，手指多节，指甲长而整齐，拇指大，多骨并坚强。这种人擅长利用资源处理困难，善于处理麻烦问题。他们擅长推理，是独立的思想者，严正不偏，好批评且勤学。

实干家的手型紧实而呈方形，拇指坚实且较大，指甲短。这种手的主人们拥有机械或建设上的才能，他们好动而勤劳，而且不会推脱责任，是脚踏实地的实干家。

好动型的手从侧面看，手平而薄，手指下部细而指端宽。拥有这种手型的人能力强，而且比较好动。他们天赋极高，头脑灵活，富有创造力，许多成功的拓疆者、发明家、航海家、工程师都拥有这样的手。

劳动者的手掌厚而硬，手指粗，拇指呈短棒型，手上的皮肤粗硬。这种手的主人大多是体力劳动者，他们头脑简单、四肢发达，没有太多的抱负和智谋，性情相对粗暴，但毫无疑问，这些人也都是诚实且可爱的。

当然，你或许会说："我的手不是其中任何一种。"不错，以上只是基本手型，很多人的手其实是多种类型混合的。所以"看手识人"还需要综合手心的颜色。

如果一个人的手心较白，则代表这个人缺乏同情心，而且自大、沉默，有些自私；如果一个人的手心微微泛红，说明这个人热心而有生气，并且性格比较和顺；如果一个人的手心因血液浑厚而呈现大红色，表明这个人十分诚挚，富有活力，但可能性情会比较急躁；如果一个人的手心是褐黄色的，则表示这个人可能有健康问题，而且这种人多愤世悲观。

另外，指甲也能暴露人的内心特征。指甲很小或很短的人生性多疑，喜欢批评；指甲宽的人体力较强，忍耐力也很好；指甲长且宽度适中的人很爱美，他们可能是艺术家、哲学家或诗人。

和指甲"毗邻而居"的指端也是我们观察一个人不可忽视的部位。一般而言，指端越尖的人越好幻想，越追求理想状态；指端越宽的人则越注重实际；指端扁平如船桨的人精力旺盛；指端呈方形的人比较守规矩；指端修长的人比较琐碎，追求精确，注重细节，并且做事有条理。他们特别适合做会计、秘书或者研究者。

2. 最理想的拇指

你是否仔细观察过自己的拇指？它对于研究人类种族有着极为重要的意义。当然，这并非我的理论，我只是援引人类学家、考古学家、医学家等专业学者的理论。

人是唯一真正拥有拇指的动物。猿的拇指是所有动物中与人的拇指最像的，但仍然无法像人的拇指那样灵活，比如一个很简单的动作——让拇指和其他四指并拢——猿就难以做到，因为猿的拇指离掌心太远。人类之所以成为“高级动物”，主要有两个原因：第一，人类具有意愿和意志力；第二，人类具有推断力。而一个人的拇指与一个人的意志力、推断力，有着密切而直接的联系。

一个人的拇指越长，且位置越在手掌之下，那么这个人的意志力与推断力就越强。那么怎样确定拇指是长还是短呢？

使你的拇指与手掌自然靠近——如果你的拇指指端不到食指的四分之一处，那就说明你应当设法提高自己的意志力与推断力，尤其是男性，可能存在女性化的倾向；如果拇指指端大大超过食指主关节处，那就表明你的意志力过强，甚至倾向于固执。另外，如果一个人的拇指和食指靠得很近，那么这个人往往具有很高的防范心，谨小慎微，疑神疑鬼，并且容易招惹是非；而如果一个人的拇指柔软而向外倾，则表明主人情感丰富，心胸宽大，善解人意，无论是在生活上还是在工作上，都非常受人欢迎。

或许你会问：最理想的拇指究竟是怎么样的呢？

在政界，那些成功的政治人物——西奥多·罗斯福、塔夫脱、威尔逊等

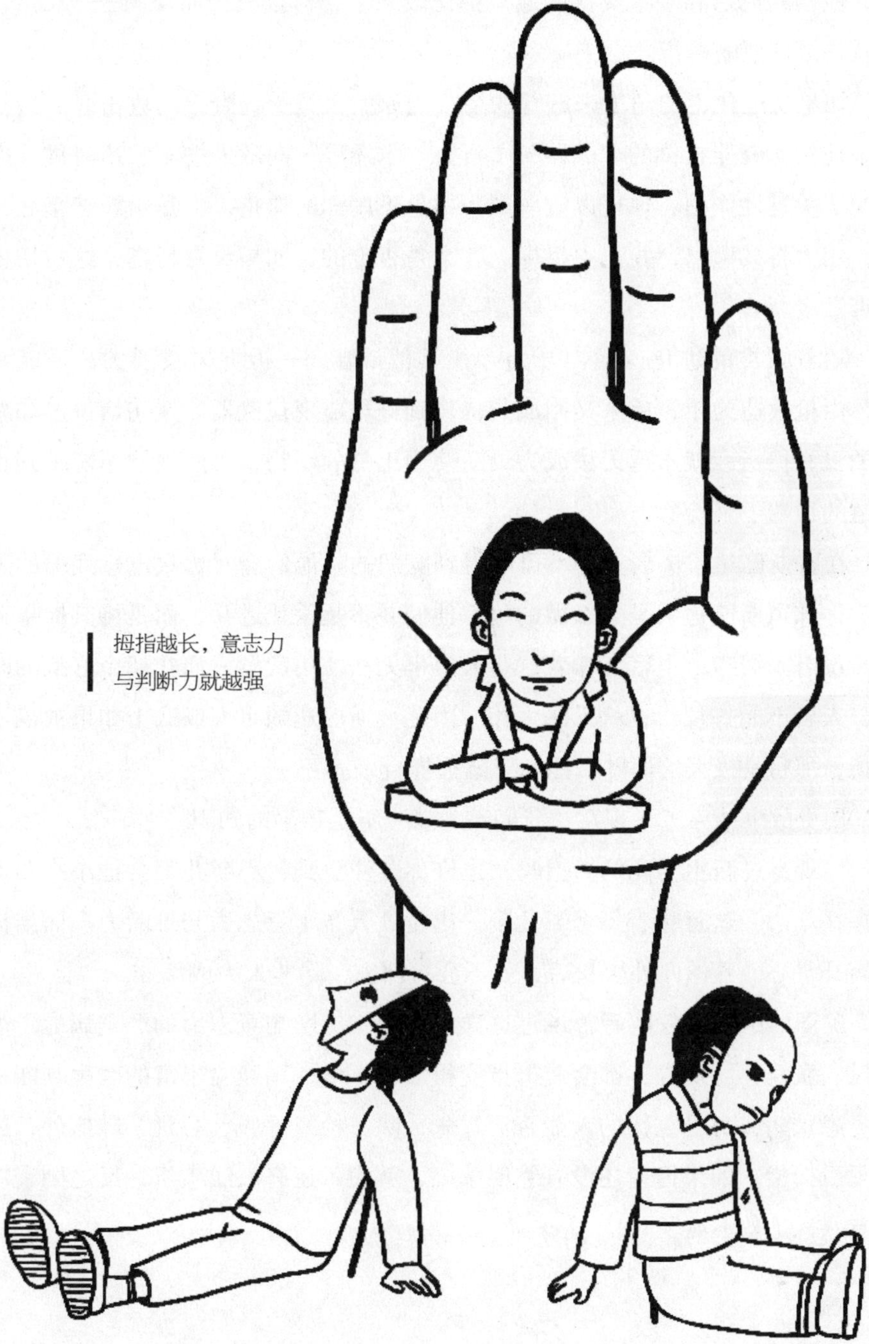

拇指越长，意志力
与判断力就越强

人，他们的拇指和手掌交接的地方都比较靠下，拇指较长而外倾——没错，这就是最理想的拇指。

如果从进化论的角度来解释的话，当原始人类受到野兽的攻击时，会找到眼前的所有能投掷的“武器”（石头、木棒等）向敌人掷去。这时候，拇指起了关键性作用。你可以试一试，如果不用你的拇指，你是否能够拿起武器，用力将其抛出，并击中目标。答案是否定的，如果没有拇指，这一切将很难发生。

随着人类的进化，我们开始寻找其他武器——折下树枝削尖，做成利枪，由枪改造为矛，后来又制成剑，直到进化成现代武器。换句话说，如果人类没有拇指，就永远无法成为灵活使用工具的动物，自然也就不能爬到食物链的顶端了。

在古斯巴达，懦弱者是不可能得到宽恕的。他们会对逃兵进行残酷的惩治。你知道斯巴达人是怎么做的吗？他们并不是杀死逃兵，而是将其拇指砍掉。没有了拇指，也就意味着这些人再也无法使用武器，而在那个好战的时代，人若不能打仗，也就无法生存。因此，斯巴达的军人或武士如果被砍了拇指，那将是极大的侮辱，他们宁愿选择自杀。

历史故事结束了，现在让我们再来谈一下生物学的知识。

你观察过新生婴儿的拇指吗？也许你会注意到，小婴儿都会把小小的拇指握在掌心。这意味着每个婴儿刚一出生就具备了意志力与推断力。而当拇指离开掌心，开始向外生长后，就不会再回去，除非人为或病变。

美国的医学界权威者曾说过这样一句话：“影响意志力的严重病症，如中风、癫痫、瘫痪等，都会使拇指变得衰弱不堪。”经验丰富的医生判断一个身患重病或身受重伤的人能否活过来，除了检查呼吸、心跳、脉搏外，还必须看拇指。如果拇指还没有缩回掌心，就表示还有一线生机，反之则表示十有八九是救不活了。

3. 手势观人

南北战争期间，弗吉尼亚州的一位议员建议联邦政府放弃萨姆特、皮肯斯城堡以及南方各州的联邦产权。林肯给这位议员讲了一个故事。

狮子和樵夫的女儿相爱了。美丽的姑娘让狮子去向樵夫提亲，樵夫说："你的牙齿太长了。"于是狮子把牙齿拔掉了。樵夫又说："你的爪子太长了。"于是狮子把爪子也拔了。樵夫见狮子解除了"武装"，就用枪把它的脑袋打开了花。

林肯讲完故事，握紧拳头，语气坚决地说道："我不允许自己落得和这头狮子一样的下场！我绝不会听任何人的摆布！"在这里，"握紧拳头"这一行为显示的是一种果断、坚定以及力量。其实不难发现，那些具有感召力的演说家，讲到高潮，往往都会紧紧握起拳头。而面对敌人时握紧拳头则表示："来吧，我不怕你！"

可见，一个人的手势也可以看出他的个性与情感。从某种意义上来说，手势是人的第二张面孔。手的运动会传到大脑不同的中枢，使大脑不同功能的各个部位产生范围、深度不同的效果。大脑的活动也会通过神经传到手部，其中包括各种潜在意识。所以人们在说话的时候，总会下意识地使用手势来配合情感，以便更准确地传达自己的心意。

小李和小华在一家咖啡厅聊天，邻座是两个穿西装的中年男子，一个戴眼镜，一个不戴眼镜，看起来在谈判。小李对小华说："等着吧，戴眼镜的那个很快就要败下阵来了。"果然，五分钟后，不戴眼镜的男人脸上挂着得意的微笑，站起来和对方握手，然后拿着文件离开了。而戴眼镜的男人则沉重地叹了口气，一个人又坐了一会儿，才无精打采地走出咖啡厅。

“哦，恭喜你，你猜对了。”小华说。

小李笑着说：“不是猜，是分析。刚才你注意到戴眼镜的男人的双手了吗？他两只手紧紧握在一起，虽然我看不清他的面部表情，但毫无疑问，他在谈判中已经落了下风。”

小李是通过手势才做出如此判断的，因为根本听不见他们在讲什么，也不会读唇语。这是因为小李曾经读过一本书，书上提到过一项研究：谈判专家曾对手上的动作展开过特定研究，结果显示，如果有人在谈判中紧握双手，则表明其内心正处于焦虑和消极中，主动权已经到了对方手里。很多人都会把紧握双手误解为自信的标志，因为做这一动作的人通常会伴有面部微笑。但事实上，内心真正轻松自信的人是不需要做这个动作的。

有时候，为了获取利益，你可以适当地利用一下对方的紧张和焦虑；但有时候，你也需要让对方放松，使交流顺利进行。如果有一天你发现对方双手紧握，你就可以递过去一杯咖啡或者别的东西，这样就能使他放松下来，从而缓解他的紧张。

无意识地十指交叉，是人们常常会做的事情，有时放在桌面上，有时则会抬到胸前，看起来是很轻松的动作。但当手指交叉过紧，则表明这个人内心十分不安，甚至已经感觉不到手上的疼痛。

身体语言中，不能只看他的姿势就去了解他的心理。对一个姿势的理解需要结合其他部位的姿势和具体的环境，否则很有可能产生误解。但是有一个姿势却是例外——塔尖式手势。

塔尖式手势是指双手手指的指端一对一地结合，但手掌没有接触，从形状上看，就像教堂的塔尖一样，它的含义是：自信。

实验研究表明，职场中那些充满自信的领导者经常会使用这个手势，在会计、律师、经理等人群中尤为普遍。

当女性面对心仪的对象时，常常会不自觉地做出这个手势——双肘支撑在桌上，两只手搭在一起，把下巴放在双手上。做出托盘式的姿势意味着对对方感兴趣，是女性的特有手势。

而双手叉腰是一种表示抗议、进攻的常见姿势，有些观察家把这种举动称为“一切就绪”，但“挑战”才是其最基本的实际含义。例如吵架的时候，这个动作就非常典型，男性用这个姿势来显示自己的勇敢和力量，但如果女性做这个姿势，则给人凶悍的感觉。

当人们说实话时，会把手掌张开显示给对方。和大多数肢体语言一样，这个动作既可以是无意识的，也可以是故意为之，但无论如何，这个动作都使人觉得对方要讲真话。

小孩子说谎的时候总是把手掌藏在身后，好像不敢把手心拿出来给人看一样；丈夫不想说出自己的去处时，也会把手插进口袋或把双臂抱起来，而妻子则可以从丈夫隐藏手掌这一举动上感觉到丈夫的隐瞒。换句话说，与他人交谈时，如果你常常伸出双手并摊开给别人看，那说明你是一个诚实可靠的人。

双手环抱在胸前，就构成了一道阻挡外界不利因素的心理屏障。因此，当一个人神经紧张、焦虑和逃避现实环境时，会很自然地把双手抱在胸前。这种姿势经常出现在陌生人中间，特别是在不安全的场合，比如电梯里。在交谈中，如果对方双手合抱，你就要留意了，因为对方很可能对你的观点不以为然，只是不想反驳你罢了。

当然，还有很多其他手势，比如摸下巴代表思考，翘大拇指表示赞赏，用手拍脑袋表示恍然大悟，抓头则表示为难或疑惑……这些手势看似简单，但在日常生活中却拥有着极其重要的地位。

这些“看人”的知识只是需要时间总结而出的经验，在短短几个小时内就能够学会并运用是困难且不现实的。我们要记住：凡事不可急功近利，看人是门手艺，需要耐心和观察力。

4. 难以掩盖的紧张

行为学家经过多年的研究发现——我们的大脑天生就有两种功能：第一，指挥身体获取可以维持生存的东西；第二，命令身体迅速离开不想要的东西。而能够帮助大脑实现这两大功能的就是腿（当然也包括脚）。

离大脑越近的部位越容易受大脑影响并控制，因而也越容易伪装。脸离大脑最近，所以可信度最低；而腿脚离大脑最远，想要在第一时间进行伪装是很难注意得到的。当面临敌意或危险时，我们的双腿会下意识地进入戒备状态，动作就这样不自觉地产生了。因此，观察一个人的腿脚，有时候也能帮助我们看懂一个人的想法。

老冯是一个拥有着多年侦查经验的老警察，他正在向一个重大盗窃案的嫌疑人问话。其他警员告诉老冯，这个嫌疑人让他们十分头痛，因为他实在是太狡猾了。长达数小时的审讯，他的证词居然没有一丝破绽，更没有其他的信号可以证明他是在说谎，大家已经束手无策了。

老冯坐下来，看了一眼嫌疑人。他看起来既不紧张也不害怕，只是不停地摇动双腿。当然，这并不能证明什么，因为可能只是习惯性动作。

“发生盗窃案的时候，你就在现场吧？”

这个问题一出，嫌疑人面上仍没有任何反应，手和身体也完全正常，但原本左右摇晃的腿突然上下颤动了一下，而下一秒又恢复了左右摇晃。老冯立刻就记下了这个只持续了一瞬间的变化，并以此为突破口，进行了巧妙的套问和挖掘。

接下来我们将要学习的，就是从一个人腿脚的姿势去判断其内心所想的方法。当然，或许这些方法你一直都在运用，现在我们来听一听系统的理论。

5. 走路怎样暴露你内心

当一个人离我们较远时，我们虽然看不清他身体上的特点，但可以通过其走路的姿势判断出一些信息。换言之，走路的姿势不仅能反映一个人的健康状况，也能透露一个人的品性。

例如，步伐稳重、脚踏实地的人通常都比较稳重，做事十分有条理，即使遇到紧急状况也不会手忙脚乱；走路时喜欢抬高下巴、双臂来回摆动、腿脚僵硬的人则比较清高，甚至有点儿自命不凡；走路风风火火的人大多都很直率，办事重效率，而且对工作和生活都有严密的计划，因此比较容易成功。

接下来我们将更加系统地了解走姿中隐藏的心理学知识，相信一定会对你有所帮助。

习惯走路时昂首挺胸的人往往注重仪表、服装整洁，以表现自己的魄力。他们倾向于以自我为中心，淡泊名利，不屑于与他人交往过密，也不会轻易求助，而且思维敏捷，考虑问题比较全面。

可惜，他们有两个致命的弱点——羞怯和缺乏毅力。尽管他们有着非凡的才能，但是，因为个性羞涩，不会主动与人沟通，常常难以使自己的才能完全发挥，而且他们很难坚持把计划付诸行动。

走路时有条不紊的人做任何事都是从容不迫的。他们遇事沉着，看起来很有修养气度。习惯于这种走姿的人，如果脚步沉稳，则表明有自信、有胆识、有魄力；如果脚步无力，则表明没有远大的理想或是抱负心，不求上进。

步伐整齐的走姿会给人严肃紧张的感觉，而走路步伐整齐的人有超强的意志力和高度的组织力。他们一般会是你最严厉的老师，或者是一个难搞的上司，他们一旦选定目标，就会坚定不移地朝着目标前进，并且不允许自己出现任何差错和松懈，更不希望你会出错。因此，他们常使周围人感到畏惧。

在日常生活中，如果一个人来去匆匆、大步流星，则表明这个人精力充沛，办事注重效率，不拖泥带水，而且十分正直，诚实可信，从不推卸责任，但有时候会比较鲁莽草率。另外，倘若走路时落地有声，快而不乱，则表明这个人很理性，对未来和生活有着完美的计划，力争上游，并且十分重感情。

有人走路时习惯于身体微微前倾，甚至看起来弯腰驼背，没有精神，这类人大多性格内向，为人谦虚，不善言辞，没有花言巧语。他们从不欺骗别人，也很珍惜感情，但因为不苟言笑，很难与人相处。所以他们中的很大部分人都会对生活产生不安感，有时甚至会质疑自己的生活。

此外还有“八字形”的走姿，这种走姿分为“内八字形”和“外八字形”。习惯于内八字形走姿的人给人一种憨厚老实的感觉。他们注重细节，讲究礼仪，喜欢按部就班地做事，面临突发状况往往会阵脚大乱，自顾不暇。习惯于外八字形的人则给人彪悍的印象。他们大大咧咧、左摇右晃，生活中不拘小节、讲义气，但往往不顾别人的感受，想说就说，更不怕得罪别人。

走路习惯身体前倾的人，性格
内向、不善言辞、为人谦虚

6. 五种站姿，简单阅人

当你无聊的时候，试试站在窗前，观察一下大街上行色匆匆的路人。通过观察不同的人行走时的不同的姿态来推测其内心世界，这是一件有意思的事情。你会逐渐发现，无论是在商场、公园，还是在一般的社交场合，总体上来说，人们的站姿有五种基本姿势：自然站直、丁字步、双腿张开、双腿交叉以及立正姿势。下面，我们来分析一下这五种姿势分别代表的心理状态。

两腿自然伸直，既不紧绷也不松懈，或略微并拢。像这样喜欢自然站直的人往往缺乏创造性，踏实肯干，勤恳老实，不喜与人争斗，容易知足，富有乐观主义精神。这种人在感情上比较急于求进，认准了一个人就会对其紧追不放，但经不起长期考验，容易被一时的新鲜感所迷惑。他们不懂得拒绝别人，所以人们喜欢和他们相处。

两腿稍稍分开，前后略有交叉，一只脚承受身体的重量，另一只脚保持平衡。这是最常见的站立姿势，因为既不会显得死气呆板，又方便活动，而且有利于放松和交谈。如果双腿较直，则给人挺、直、高的美感；如果双腿稍微放松，人们会觉得他容易相处。

在社交场合，如果你留心观察，就会知道，前脚脚尖所指的往往就是其兴趣点。例如，当一个人和一群人交谈时，他会不自觉地将自己前脚的脚尖朝向他最能懂他的那个人；如果他把前脚脚尖指向身体的左侧或右侧，则表示他的大脑在暗示：我想离开了，这次谈话并不愉快。

两腿并拢、挺直，脚尖向前，双腿共同分担身体的重量。这种立正姿势的站姿较为正式，广泛存在于老板和员工、长辈和晚辈、教师和学生，以及陌生男女之间。立正其实是比较辛苦的一种站姿，表明了对对方的尊重或者对事件的重视。如果一个人习惯于这种站姿，那就说明这个人严肃认真、不苟言笑、做事有条不紊，使人难以靠近，属于学者性格，往往能在其领域内有所成就。

一条腿较直，另一条腿交叠于前后，脚后跟稍稍提起。在聚会中，有些人喜欢保持着双臂和双脚相互交叉的姿势，如果你近距离去看，就会发现他们会主动与人保持距离。女性有这种姿势，表示她想留下来或者不想让人靠近。

双腿伸直，两脚距离超过胯部，和地面形成三角形。这种姿势多见于男性，而且有表达挑战、反抗、决斗的意思。很多时候，竞技场上的男性选手们会在比赛开始或者结束时摆出这种姿势，以显示自己的男子汉气概和雄性力量。如果一个人在日常生活中习惯于采用这种站姿，90%可以断定，这个人十分自信，而且斗志昂扬。

7. 坐姿出卖你的性格

人们坐在椅子上的时候会展现出不同的坐姿，比如跷起了二郎腿，或者双腿并拢，又或者脚踝处交叉，等等。如果你的谈判对象坐下时两脚自然外伸，让你对他产生一种处事沉稳、豁达果断的感觉，那么你猜对了，这类人一般都会较为直爽。我们来学习一下，如何从一个人的坐姿中看出其性格和心理状态。

双腿和双脚跟紧紧并拢，双手放于膝盖上，身体端正。

习惯这种温顺型坐姿的人往往生性腼腆，为人厚道谦逊，感情世界很封闭，语言和行动都比较温吞，慢条斯理，不易急怒。但是对于那些感情奔放、敢爱敢恨的人来说，这样的人实在难以忍受。他们会为别人着想，在工作上细致认真，很少出错，并且非常洁身自好，不会在深夜买醉。

左脚交叠于右腿上，双手交叉放在腿根两侧，这属于自信型坐姿。这类人天分极高，能够坚持自己对某件事的看法，哪怕所有人都不认可，他们也能排除万难，努力去实现自己的目标。他们拥有很强的协调能力，适合社交，与他们聊天是一件愉快的事情。所以在圈子里往往充当着领导者的角色，调和下属的矛盾，还能让下属们都心甘情愿地为他们卖力。但是他们有时会得意忘形，骄傲狂妄，只沉浸在胜利的喜悦中，往往会忽略别人。

半躺而坐，双手抱于脑后。这种悠闲型的坐姿看起来非常惬意舒适，而习惯这种坐姿的人也往往性格随和，但并不随便。他们有底线，坚守原则，十分耐心，能将工作和生活处理得很好。金钱的诱惑对他们来说并不会很大，买东西也都是较为随意，而不会货比三家，因此有时候会头疼自己的经济问题。

两个膝盖并在一起，小腿随着脚跟分开呈“八”字，两个手掌相对，放在膝盖中间。习惯于这种羞怯型坐姿的人往往很害羞，在大家面前发言就会紧张得不行，脸红口吃。他们是“保守派”，思想传统，喜欢熟悉的事物，不会过度追求新鲜感，不善于社交，甚至会让人觉得他们很无聊，生活也枯燥乏味。在工作中，他们喜欢借用过去的成功经验，而不懂得创新，所以适合那些有固定模式的工作。他们对待朋友很真诚，对待感情很细腻，喜欢宅在家里，但也因为内向安静的个性，常常被人忽略他们内心的感受。

大腿分开，两脚跟并拢，两手习惯于放在肚脐的部位，这属于坚毅型坐姿。这类人勇气十足，决断力强，一旦决定了某件事就绝不会拖泥带水，而是风风火火地去付诸行动。他们的本能就是好战，挑战那些新鲜事物是他们的乐趣所在。他们拥有领导者的权威和气魄，很多人也许并不是真心尊重他们，那种无形的气场让人不喜欢接近。他们从来不怕压力，敢于承担后果，但处理人际关系时往往会因为自己急躁的性格而头疼不已。在感情上，他们占有欲强，常干涉恋人的隐私，并给恋人设下条条框框，因而容易遭到恋人的反感。

两腿及两脚跟并拢，双手交叉放在大腿两侧，这是古板型坐姿。这类人比较固执，喜欢自作主张，不愿意听取别人的意见。即使心里知道别人说得对，也不肯低下头承认错误。他们像是皇家贵族般骄傲，懂得浪漫，喜欢为恋人创造惊喜。他们做事追求完美，对文学、艺术十分热爱，只可惜缺乏求实精神，很多想法都无法在现实生活中实现。他们不善于变通，在现实生活中容易碰壁，也容易受伤。

右腿交叠于左腿上，两小腿靠拢，双手交叉放于腿上。这属于冷漠型坐姿。这类人看起来平易近人、容易相处，但实际上他们有着冷漠的内心。他们不会主动去帮人，当别人请求他们的帮助时，也会不情不愿地拖延时间。这类人理性、冷漠、自私，但工作能力却很强，因为他们的冷漠拒人于千里之外，反倒使他们排除了外界的过多干扰。表面上，他们单纯无害，但其实他们很难与人交心，更不愿主动付出。

两腿分开较宽的距离，两手没有固定的搁放处，呈现开放型姿势。这属于放荡型坐姿。这类人追求新奇，甚至能引领潮流。习惯于这种坐姿的人平常总是面带笑容的，不在乎别人对自己的评价，因此人缘很好。只是他们的生活习惯和思维模式同一般人出入太大，无论是家人或是朋友，都难以理解他们的生活，所以他们很难拥有知己。

双腿分开端坐于椅子，手放在椅子扶手上，并将外套敞开。我们把这种坐姿称为林肯式坐姿。林肯式坐姿表示的是坦诚、惬意。当两个人采用林肯式的开放坐姿时，意味着大家相互没有防备，聊天会很愉快。

一条腿弯曲并横放在另一条腿上，使身体和椅子呈“4”字型，这属于“4”字型坐姿。

坐在贵宾椅上，正在商讨政局的两位政治家：一位身体后倾，两手抱住后脑勺，双腿交叉呈“4”字型，一副得意的样子；另一位耷拉着脑袋，向前耸肩，双手无力地搭在腿上，一副无精打采的样子。

以上描述的是一幅漫画。很明显，那个坐姿呈“4”字型的政治家占了上风。当一个人不经意间把一条腿横放在另一条腿上时，说明其心里正在防范外人或表示对方意见的不认同。

这种坐姿表现了竞争的态度，有时会给人骄傲自大的感觉。如果是在谈判中，对方长时间采取这种坐姿，则表明你们已经陷入僵局，除非你肯做出让步。因为他已经很明确地告诉你：“我不同意你的这些想法，你最好换一个！”

林肯式坐姿，意味着
大家互相没有防备

8. 不要轻视“触碰效用”的魔力

人都有一种倾向意识，即因和他人的触碰而放松对对方的警惕，心理学上称之为“触碰效用”。与他人肢体接触而起到的心理作用，人们正在研究它所带来的效果。

法国布列塔尼大学的达米安·埃尔斯博士对40名光顾二手车店的男性顾客进行实验，做出了关于“触碰效用”的调查研究。

男性销售人员负责接待这些男性顾客。博士让销售员对其中一半顾客进行“请一定到车内看一下”的劝导，并同时握住对方手腕1秒钟；而对另一半顾客则不做任何肢体碰触。

在这之后，另有工作人员询问顾客：“对刚刚销售人员的接待是否满意？请做出评价。”

结果是，比起没有进行身体接触的顾客，有过触碰的客人的评价明显更高。具体评价分数如下：

如果是不抱目的、无意而为的触碰，任何人都不会去在意。而人在身体受到他人触碰时，心理上会自然而然地对对方产生好感，产生一种“他喜欢我”的潜意识，这是连其本人都难以觉察到的。也就是说，这触碰是触及了心灵的。很多商家推出“免费试用”的营销策略，其实是利用触碰效用来得到顾客的青睐。

触碰效用的效果是让人敞开心怀。例如，当你希望别人帮你买东西、出主意或者加班时，适当的肢体接触加上温柔诚恳的语气，别人会更愿意帮助你的。

心理学家还发现，有意识的碰触能有效减少隔阂，从而促进两个人的关系正向发展。当夫妻或情侣因为吵架而陷入“冷战”状态时，轻拍对方的肩膀、头部、额头等部位，或者直接去拥抱对方，会比简单的道歉更有效。

第二章

头部动作，让你的内心不再隐秘

头部属于人体的“司令部”，是语言和肢体语言的领导。因为头部集中了所有表情器官和神情，因此往往是人们关注、观察身体语言的重点。从某种意义上说，头部动作泄露的信息也往往最为准确，因而也容易成为他人看清我们真实意图的有效途径。

1. 最是那一低头的温柔，却露了你内心

头部动作，泄露的信息往往最为准确。

诗人徐志摩的诗中有这样一句“最是那一低头的温柔，像一朵水莲花不胜凉风的娇羞”，这“一低头”的动作，活灵活现地体现了女性的温柔、妩媚与羞涩。

的确如此，头部属于人体的“司令部”，也是语言和肢体语言的领导，头部集中了所有的表情器官和神情，因而通常也是人们关注和观察肢体语言的重点。一低头、一回首，这些微小的动作都可以体现我们的内心感受。

一般来说，当我们感到害羞时，尤其是女性，都会不自然地出现低头的动作，这一动作也体现出我们当时羞涩而又略显谦卑的情感。如果是与上级或同事交谈时，我们将头部垂下呈低头的姿势，那么这时我们传递出去的信息就是“我在你面前压低我自己”或“我是友善的”等等。

如果你是一位上司，在与下属谈话时做出这种动作，它传递的信息就是以一种比较消极的方式表达“我不会只认定我自己”或“你的看法也很值得考虑”等等。

如果我们在内心对对方怀有敌意时，也会突然将头低下，这表示我们的头部有紧迫的负荷感。这时我们的头部虽然是低下的，眼睛却会向前瞪视着敌人，而不是随着头部下垂。也就是说，当你不自觉地在别人面前做出这种动作时，那么你向对方传递的就是一种敌意，而不再是什么友好的态度了。

与低头的动作相反，抬头的动作则表示一种有意投入的行为，比如有下

头部动作，泄露的
信息往往最为准确

属进入你的办公室，而你此时正在低头写东西，当下属进来时，你可能就会抬起头来看他。这个简单的动作，实际就是在促使下属开口讲话。

如果头部再伴随有后仰的动作，那就是一种骄傲和自信的姿态了。这一动作表现出来的是从沾沾自喜、自命不凡再演化到自认优越的意识变化。

富兰克林年轻时年少气盛，非常骄傲，走路时就喜欢高高地昂着头。有一次，他去拜访一位著名的教授。走路时又是高高地昂着头，只顾自己走路，根本不看周围其他东西，结果头部狠狠地撞在了教授住所的门楣上。富兰克林非常狼狈，一面揉着自己被撞的额头，一面气愤地盯着那道较之一般住所要矮得多的门楣。

这时教授笑着走出来，他对富兰克林意味深长地说道："撞痛了吧？但你不应该生气，它将是你今天来拜访我的最大收获。要知道，一个人如果懂得生活，他必须学会该低头的时候低头。"

富兰克林牢牢地记住了这次教训，以后变得谦虚、谨慎起来，与人交往时也不再高高地昂着头了。

基本上，这种昂头的动作体现出的是一种向对方挑衅的态度，而不是温顺的仰视。你是想以此展示自己的优越，将对方的气势压下去。但是，这个动作是不太受人欢迎的，应尽量少用，因为你骄傲和挑衅的姿态会给人造成很不友好的印象。

2. 摇头前快速地点头，表明你是在撒谎

摇头前快速地点头表明是在撒谎。

头部的很多动作能体现出我们的内心活动，有时一些不经意的小动作，会成为他人获悉我们心理变化的手段，比如看出我们是否在说谎，或者言语之中隐藏了什么。

在美剧《别对我撒谎》中，有这样一个有趣的情节，主人公莱特曼等了半天，终于等到一个停车位。可是就在他刚要去停车的时候，突然一辆车飞驰而来，抢占了莱特曼的车位。莱特曼有些生气地问抢车位者："难道你没有看见我正在等车位吗？"对方摇摇头，无辜地说："没有，我也在等车位。"莱特曼说："你刚才说谎的动作非常典型，因为你在摇头说'不'之前，已经先轻轻点了点头……"就是这样一个不经意的点头动作，泄露了抢车位者的谎言。由此可见，一些不经意的头部动作完全可以告诉对方我们是否在说谎。

正如前面的小故事所说，研究人员通过研究发现，很多人在面对别人"是不是做了什么"的质问时，一般会摇头否定。但是在摇头之前，他们往往都会下意识地表示对对方问题的肯定，也就是会做出迅速的、对方很少察觉的、自己也无意识的点头动作。这个快速的点头动作，说明质问一方的推测是正确的，对方摇头之后所作的解释就是一个谎言。

假如你是一名记者，去采访一家刚刚出现施工安全问题的建筑公司。你问前台小姐："请问你们负责人 ×× 在吗？"前台小姐的两种反应都表明她在说谎：一种反应是你刚说完话，前台小姐就不假思索地告诉你负责人不

在，这是提前已经编好谎话的条件反射下的反应；另一种反应，就是稍微迟疑一下，不经意地微微点一下头，然后再非常肯定地摇头说："他不在。"这时，负责人肯定是在公司的，因为前台小姐下意识的快速点头动作已经泄露了真相。

由此可见，当我们在对他人说谎时，我们头部所做出的动作已经将我们内心的真实活动透露出去了，只是看对方能否真正注意到这个微小的动作。如果对方是个懂得肢体语言的人，那么他可能就会注意到你在摇头之前做出的点头动作，也会因此而判断你在说谎。虽然这个头部动作是很细微的，不太容易引起对方的注意，我们也不能因此就放松自己。所以，倘若你真打算向对方隐瞒什么事的话，最好提前将"戏份"准备好，让善意的谎言变得"真实"一些，不要轻易就被对方看破。

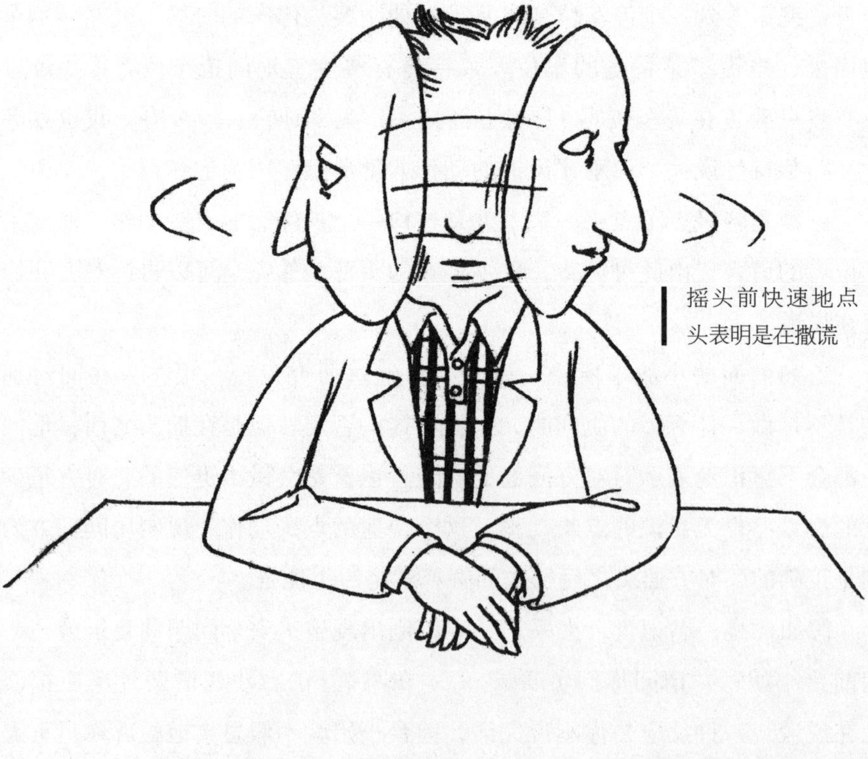

摇头前快速地点
头表明是在撒谎

3. 点头与摇头体现出来的内心活动

点头也许是我们最常见的一种头部动作了，它常常表达的含义是赞同、支持。从事肢体语言研究的专家认为，点头是鞠躬的一种简化行为。由于低头，我们的身体自然而然地会向前倾斜，这就相当于改变了我们身体的大小，使我们显得更加渺小，没有威胁性，表明一种屈从。所以，点头通常表现的是同意的意思。

但是，如果你认为点头仅仅是一种表达同意的信号，那就大错特错了，因为在点头这个最常见的动作背后，还隐含着非常多的隐秘含义。

有些时候，点头仅仅代表“我听到了”，但却不代表“我同意这种观点”。比如，当你在开导某人时，也许对方会不断点头，但这并不代表他接受你的劝解，而是仅仅告诉你：“我听到你的话了。”

当两个人在谈话时，作为倾听一方的你可能也会频繁地点头，但这时点头暗含的意思有所不同。比如，如果你点头的频率比较低，那就意味着你是在认真地听对方说话，但如果你的点头频率非常高，那在对方看来，可能就意味着你的心里在说：“这个问题我早就明白了，根本不需要再听你絮絮叨叨地说。”换句话说，两个人在交谈过程中，倾听的一方如果频繁地点头，那其实是一种争夺话语权的表现，并不代表认可对方的话。

我们经常会遇到这样的情况：一对男女在说话过程中，女方不断地点头，男方认为得到了女方的鼓励，越发夸夸其谈。而事实上，女方对男方谈论的这个话题根本没有兴趣，她只是不得不用点头的动作来敷衍对方而已。

摇头的含义也很丰富。在身体语言中，摇头代表的含义非常单一，那就是向他人传达否定的含义。比如婴儿在吃饱后，就会左右摇头来拒绝母亲的哺乳。

摇头的含义非常明确，以至于我们根本不需要进行描述和解释。不过随着年龄的增长，我们对自己内心的想法越来越重视，也学会不再像婴儿时期那样，直接用摇头来表示反对了。相反，我们会将摇头转化为一种非常隐蔽的动作，借此来表达比较含蓄的拒绝态度。

比如，当我们与某人的观点或建议不一致时，由于身份地位悬殊、年龄差距较大等原因，不便于直接表达时，我们就会将摇头这个动作转变为许多类似的动作，比如频繁地转换左右手来支撑脸部，或者用眼睛左瞟右瞟。这种拒绝的动作，其实就是由摇头演化来的。当顾客做出这种拒绝的动作时，业务员仍然喋喋不休地向顾客介绍产品或服务，那么这个业务员可能很快就会体会到被“正宗摇头动作”拒绝的滋味了。

事实上，我们根本无须担心别人“听”不懂我们的这些头部动作语言，这些天生的、源于本能的动作，基本上都是人类通用的沟通工具。只要你做出来，对方就会在不知不觉中捕捉到你的内心活动，从而迅速地调整自己的状态。

4. 低头、耸肩，一种消极情绪的外露

头部属于人体的“司令部”，是我们身体上最为重要的一部分。作为身体的总指挥，它是语言和肢体语言的领导，我们的大多数反应和决策都是通过大脑作出来的。但是，头部的功能不仅仅是思考，头部动作还能展现我们的内心活动。从身体语言的含义这个层面来说，头部在泄露我们内心想法的能力上，丝毫不逊色于它在生理上的作用。

通常来说，不论是摇头还是低头、歪头，都是我们在特定的心理状态下做出来的动作。因而，通过对头部的观察和分析，肢体语言专家们发现了许多潜藏在内心深处的秘密。

在头部动作中，将头部低下，缩在两肩之间，同时向上耸肩，这样的姿势可以使我们柔弱的脖子和喉咙免受攻击。当我们猛然听到背后传来一声巨响，或者担心会有什么落物砸到自己时，通常就会做出这种姿势。同时，在潜意识里，这样做也是为了将自己身体的范围变小，不引起别人的注意，让别人不容易发现自己。比如，当我们从一群人身边经过，而他们正在兴致勃勃地聊天、看风景，或正在专心致志地听取领头人的发言时，为了不打扰他们，我们通常会缩着肩膀，努力让自己显得更弱小和不引人注意。或者当我们夜晚独自走在马路上，这时有一群人从我们身边走过时，我们也会下意识地缩紧头部，并耸起肩膀。这样做的目的，其实就在向其他人传递出一个信号，那就是：我十分弱小，没有与你们竞争的意思。

不过，在一些个人交际或商务活动中，如果我们做出一个类似低头、耸肩的动作，那就意味着我们在恭顺地向他人道歉或屈从，这无疑相当于增加

了对方战胜你的信心，因为这是一个表示顺从他人、屈居他人之下的动作。所以，如果你不想被对方小看或被对手轻易战胜，那就不要做出这样的动作。相反，你应该尽量舒展自己的身体，昂首挺胸，让对方感觉你是非常自信、成竹在胸的。

另外，当我们感到沮丧、不安、情绪低沉时，头部也会在不经意间做出这种类似的动作。有时，我们还可能借助于摸脖子、拍头部或耸肩膀等动作，来配合头部的这个动作，从而放大这种动作表达出来的含义。其实，这种动作和姿势就是低头弓背。当下属靠近自己的上司时，往往也会采取这种姿势，而这样一个微妙的动作，就能够揭示出两人之间的地位和权力关系。

5. 高高地昂起头，展露的是骄傲或自信

头部的基本动作主要有三种：抬头、低头和歪头。当人们对谈话内容持中立态度时，往往会做出抬头的动作。通常，随着谈话的继续，抬头的姿势也会一直保持下去，人们只是偶尔地轻轻点头，表示认可或响应。而且，用手触摸脸颊的手势也常常伴随着抬头的姿势，表现出认真思考的态度。

如果把头部高高昂起，同时下巴向外突出，那就显示出一种强势、无畏或者傲慢的态度。人们可以通过这个姿势刻意地暴露出自己的喉部，并且让自己的视线处于更高的水平，这样就能以强势的态度来俯视他人。事实上，正是高水平的睾丸激素造就了人类宽大的下巴，这也就是为什么突出的下巴总是与威严感和侵略性紧密相随的原因。

撒切尔夫人有一张照片，照片上的她高昂着头，目光坚毅，面色冷峻，用高昂的下巴展现了自己桀骜不驯的个性，令人看起来心生敬畏。

高高地昂起头，头向后面仰，这是典型的表示骄傲和自信的动作。一个人在显示他的优越性时，就一定会高高地昂起头。通常来说，最常见的姿势和动作就是：身体向后倾，背部靠在沙发上或椅背上，有时还会将两只手放在后脑勺上，或跷起二郎腿。如果你在别人面前摆出这副姿态，那么对方心里一定会产生这样的想法：这个人很自大，可能比较喜欢卖弄自己。

将头部向后仰起时，我们内心的情绪也会不断发生变化，包括从沾沾自喜、自命不凡演化到自认优越而存心违抗的意识变化。基本上来说，这种姿势和动作体现出来的都是一种带有挑衅的态度，而不是温顺的友好态度或服从态度，因此我们在社交或商务活动中应尽量少用这种姿势，因为

骄傲的外表和挑衅的动作会给人留下不好的印象，对我们的人际关系或商务谈判不利。

有些人在高昂着头展现自己自命不凡的同时，腿部也配合着头部的动作，最著名的就是“美式腿”。什么样的腿被称为“美式腿”呢？就是将一只脚的脚踝架在另一条腿的膝盖或者大腿上，整个动作和姿态都表现出一种兴奋、竞争或雄辩的态度。这种头部姿势配合着腿部姿势，可以令人看起来更具有竞争性，因此这也是许多拥有竞争性格的男性喜欢采取的一种坐姿。

不过，俄罗斯人比较讨厌这种姿态，并将这种“美式腿”称为“美利坚式的丑态”。通常来说，这种昂头搭配“美式腿”的姿势是很多领导的专用品，他们主要是想借助这种姿态来调整自己的心态，从而摆平自己前进道路上的所有障碍。

6. 歪头的姿势流露出你的顺从

可能大家都曾注意过，在一些宣传海报和广告中，歪头的女性总比不歪头的女性更显得妩媚动人。在歪头的过程中，她们还尽量露出自己的脖子，使她们看起来更显得娇弱和惹人怜爱、温顺并富有女人味。

通常来说，将头部向一侧倾斜，表达的是一种顺从的情绪，因为这个姿势不仅暴露出我们的喉咙和脖子，还会让人显得更加弱小和缺乏攻击性。其实人一出生，就已经掌握了歪头这个姿势，婴儿趴在父母肩膀上的时候，往往就会将头部歪向父母，露出自己脆弱的小脖子。大部分人，尤其是女性，似乎也是在不知不觉中读懂了这一姿势所传达的顺从与毫无威胁的意味。

和动物（尤其是狗）一样，当人类在对某件事情感兴趣时，就会将头部歪向一侧。而女性经常使用这个姿势向心仪的男士表达自己对他的兴趣，因为她们明白，一个毫无威胁感并且看起来非常温顺的女人，在大部分男人眼里都是极具吸引力的。

有研究人员曾对过去两百多年间的画作展开了研究，结果显示，画作中头部倾斜的女性形象数量是头部倾斜的男性形象的三倍；同样，在广告画或宣传画中歪着头的女明星数量也是歪着头的男明星的三倍。这就表明，暴露出来的脖子所隐含的顺从之意，大部分人仅凭直觉就很有体会了。

所以，如果你是一位女性商务人士，那么你很有必要注意这个动作和姿态。如果在与客户握手或谈判过程中，你也做出这样的动作，那么就会增加对方的优越感，使对方在随后的交谈或谈判中变得更富有攻击性。因为你的头部动作流露出了你对对方的顺从之意，这显然是对谈判不利的。相反，如果你始终保持头部直立的姿势，显示出你的自信和强势，那么对方对你也会心有余悸。

但对于一个业务人员来说，在向客户推荐产品或服务时适当地把头歪向一边，就可以给客户一定的心理暗示，说明你在对方面前是诚实的，从而让客户在潜意识中更容易接受你的推荐或建议。

而当你在会议上陈述报告或发表演讲时，如果台下的观众做出这种头部倾斜、身体前倾的姿势，并用手接触脸颊做思考状，那么你就可以确信你的发言是相当具有说服力的。当你在聆听其他人的发言时，不妨也对发言人做出头部倾斜和频频点头的动作，这样发言人就会对你产生信赖感，因为在他看来，你此刻显得毫无攻击性，让他感到很安全。

歪头这个动作除了表达一种顺从、娇弱的感情外，还表达着一种特别的肢体语言含义，那就是挑衅。我们在影视作品中经常能够看到，当法官在审问罪犯时，有的罪犯会歪着头，有时还会斜眼看着法官，这就表达出这样一种含义：“我根本不怕你，看你能把我怎么样！”所以，不同的肢体动作在不同的环境中会表达出不同的含义，我们不能对此一概而论。

7. 头部前伸，前面一定有你感兴趣的东西

头部前伸，前面一定有你感兴趣的东西。

当一只小动物发现食物或它感兴趣的东西时，它的头部往往会从一侧偏向另一侧。这种现象在我们家中饲养的小宠物身上也会经常发生。有时候，你可能会发现家中的小宠物狗侧着脑袋望着你，那一定是你引起了它某方面的注意。

这种现象在我们人类身上也会发生，当我们受到某些吸引或者是对某件事物产生兴趣时，我们的头部就会向前伸出。这个动作一般表现出三种含义，一种是心中充满爱意，比如两个相爱的人，会伸长脖子并且神情专注地凝视着对方的眼睛，以表示自己对对方的重视和爱意，沉醉在美好的情感当中；另一种含义则恰恰相反，表示心中满怀恨意，比如两个冤家或仇家相遇时，也会伸出头部，表示他们藐视对方或不畏惧对方，而且通过瞪视对方，洞察对方的眼睛来表示仇恨。还有一种含义，就是当你渴望吸引对方的全部注意力时，也会伸出头部，探出你的脸，以阻拦对方去看其他任何可能吸引他的东西。

因此，头部向前伸出的动作的背后含义通常是“受到吸引”、“兴趣很大”、“羡慕钦佩”或者“极其蔑视”、“相互仇恨”等等。也就是说，头部是表示我们对某件事是否有兴趣的指示牌。当我们与他人交谈时，将头部伸出，或者将头从一侧偏向另一侧，歪着脖子，那么在别人看来，你正对对方的话产生着某种兴趣。如果你是一位女性，对对面的男士做出这样的动作，那表示你很可能已经喜欢上对方了。

头部前伸，前面一定
有你感兴趣的东西

有些情况下，当你的头部做出前伸并略带上扬，然后猛然恢复到通常的姿态时，一定是刚刚遇到某人还未曾十分接近的时候，这个动作表示“我很惊讶见到你”“原来你也在这里呀”。在这里，惊讶是相当关键的要素，因为头部前伸表示有兴趣，而头部上扬则是一种吃惊的动作反应。如果是在你与对方都比较熟悉的场合，做出这种头部动作则表明你突然弄清楚了某件事的要旨而感到惊叹，是一种顿然醒悟的表现。

另外，向前伸的头部还表示一种迫近的威胁。就像我们向前伸的下巴一样，这属于一种攻击性的动作，暗示我们正准备对眼下的问题采取一种进攻性或有敌意的措施。

与对某事感兴趣时做出头部前伸或上扬的动作相反，当我们想要回避某件事，或表示对事物的不满或不认可时，头部就会缩回来。这是一种典型的回避动作，表示自己对眼前的事物缺乏兴趣，有时是一种内心感到厌倦的外在表现。如果在与他人谈话时，我们忽然做出这种头部动作，对方就可能会因此而认为我们对他的话产生了不满情绪。如果你不想让对方轻易就看破你的内心，最好在人际交往中注意“隐藏”自己的这些头部动作，以维持良好的社交关系。

8. 用手触摸头部，以期获得安全感

在人类的身体接触中，头部是我们接触频率最高的身体部位，比如用手摸头、轻拍额头等。头部虽然只占我们身体表面积的百分之九，但有半数以上的自我触摸动作就发生在头部。

当我们陷入紧张或混乱的情绪时，就会将手举向头部，做出“抓”“擦”“摸”动作。这本来是以维护头部整洁为目的的，但此时在外人看来，这种动作表达的就是一种烦乱的神经质行为。如男性最普遍的“抓头”动作，一般会被认为是不满、困惑、害羞、痛恨自我等情绪的直接表现，但这种动作却可以让我们的内心获得某种慰藉。

事实上，我们接触头部的最大动机，就是对他人的一种潜在的身体接触的欲求。在此种自我接触之中，我们最常做出的动作就是靠在桌面或柜台上，用手支撑着自己的头部。而被当作头部支柱的手，在这种场合中进行了超越本来机能的活动，也会被当作是一种形象，取代了拥抱自己的动作。也就是说，我们用自己的手再度体会安慰与亲密性的快感。而且，这种动作可以很自然地在他人面前做出，所以，一旦我们希望获得精神上的安定时，就会做出这种动作。

在足球比赛时，当足球运动员将一个决定球队生死的关键射门射偏的时候，全场支持这支队伍的球迷都会不由自主地将手掌贴在自己的额头上，或者用手盖住自己的头顶。这其实就是为了获得心理上的安全感。因为在我们的潜意识中，当我们处于不安全状态时，就会将自己身体的最重要部位保护起来，以克服焦虑心理，同时获得安全感。这个动作，其实就是在我们的头

顶形成了一个防止心理冲击的保护层。

还有一种抱头的动作，这种动作不仅经常出现在球场上，当我们自己做错了事或者忘记一件事时，我们也可能会将手掌放在自己的脑袋上，或轻轻拍打脑袋。在外人看来，这其实是一种对不安全感的回应。做这个动作时，我们好像在对潜在的威胁说：“这件事我忘记了，请不要责怪我的脑袋。”心理学家曾经对此作过研究，结果表明：在这种情况下，手掌放置的部位越接近后脑勺，说明我们认错的态度越诚恳。如果仅仅是拍打几下自己的前额，那就意味着我们对这次失误并不是很在乎。

除了上面这些触摸头部的动作外，我们有时还会并拢食指、中指、无名指，手背朝外，做出轻轻拍打额头的动作，这种动作有时会被认为是腼腆、困惑的表现。其要点在于依赖手指贴紧额头的动作，去克服精神上的不平衡。

用手触摸头部的动作，在一定程度上也隐藏着对他人潜在性的肉体接触欲求，如果这一行为转变成对他人的实际接触情形，通常会表现为头与头的接触、手与头的接触等两种现象。当然，这种情形只有在关系极其亲密的人之间才会发生，这也是年轻情侣、夫妇之间一种表现爱情的信号。所以，只要稍微表现出这种头部接触的状态，任何人都可以立即解读出两人之间的情感状态。

9. 头部的动作也能令自己获得认同

心理学家通过研究发现，人类的动作与心理活动是相互联系、相互影响的，心理活动会促使我们的身体产生相应的动作，与此同时，动作的变化也会影响到我们的心理。在日常生活当中，我们肯定都有过这样的感受：昂首挺胸的时候，我们往往会感到比垂头丧气时更有自信。这也就是说，如果我们希望获得他人的赞赏和认同，就要尽可能地做出开放性的动作。以头部为例，当我们向他人叙述我们的观点，并希望获得对方的认同时，我们肯定希望对方用正面而不是批判的心态来看待我们的观点，那么，我们就要想办法让对方做出点头、抬头这类开放性的身体动作，而不是摇头、垂头这种批判性的身体动作。因此，我们在说话时，可以尽量地挺直腰板，让自己显得很高，这样对方就不得不尽量抬头以保持和你在同一水平线上了。同时，我们还要做出一些抬手的动作，让对方的目光可以跟随着我们的手部动作来回活动，这样对方摇头、垂头的动作也会渐渐变成抬头的动作。由于动作与心理相辅相成，对方的心理也会在潜意识的动作指引下，由批判性心理变成一种积极的开放性心理，从而对你的谈话逐渐产生认同感。

美国一位研究身体语言的博士发现，当一个人说话的声调提高时，他的头部也会随之抬高；当他结束谈话时，随着音调的降低，头部也会相应地低下来；而当他要继续说话时，不仅声调会保持相同的高度，头部也会挺得笔直。事实上，如果我们不想与对方交谈下去的话，根本不必做出扭转头部等表示厌烦的动作，只要有意地降低说话的声调，同时低下头去，就能使对方接收到你想尽快结束这场谈话的信息。为了加强这一效果，我们还可以在低下头的同时配合做出看手表等动作，很快就会达到结束谈话的目的。

另外，触摸头部也是一种很重要的获得信任的手段。在年轻的情侣之间、夫妻之间以及父母与孩子之间，手部与对方头部的经常性触摸，都可以发出信任和爱的信号。不过，我们也不能因此就认为触摸头部代表的都是一种赞同。在日常生活中，我们经常会看到这样的情景：一个人受伤后，朋友们往往上去先抱住他的头部。这种情景在电影中也比较多见，这种触摸头部的行为代表的往往是一种保护心理。任何一个人，想要帮助受伤的人时，首先想到的就是先保护他的头部。

虽然利用头部语言可以让我们获得他人的认可和赞同，不过也要注意，肢体语言带给我们的赞同都是暂时的。要想获得他人长期的支持和赞赏，唯一的方法是真诚地对待对方。只有这样，我们才能获得对方长期的认可和肯定。

第三章

手部动作，被人看穿了你的“隐私”

中国有句古话叫做“言多必失”，这句话对于身体语言来说同样适用。我们身体中最灵活的部位莫过于双手了，正由于手部的灵活，手部的“发言”机会较其他部位也就更多。研究发现，我们的双手与大脑之间的神经关联也远远要比人体其他部位多。因此，手部的动作也能准确地反映我们内心的情绪变化。因此，我们在赞叹它们“能言善辩”的同时，也要尽量避免它们“手无遮拦”。

1. 十指连心，你的秘密就在指尖上

十指连心，手无遮拦，小心被人看穿隐私。

人类之所以能够在发展速度上远远超越其他生物，最主要的原因就在于，人类在数十万年前选择了直立行走，使我们很早就解放出了双手。双手的不断使用，令我们的十根手指变得越发灵活，从而促使人类在生物界的竞争中处于领先地位。

手指是我们身体最灵活的部位之一，我们可以灵活地控制它们。正是因为如此，手指在表达身体语言的方面，可谓是“伶牙俐齿”。有个成语叫“十指连心”，手指的动作，通常是我们内心活动的最好展示。

在人际交往和日常生活中，我们伸出不同的手指，代表着不同的含义。通过这些姿势，别人能看出我们当时的心情如何、内心感受是怎样的。

手指中，大拇指通常象征着权威，代表着力量和自我，因此与大拇指有关的肢体语言通常表示强势、绝对的自信以及勃勃野心。

向上竖起大拇指，那么表示你对对方的某句话或对某件事深有同感，非常赞赏；或是对他人的举动表示感谢；或表示事情已经妥当。

向下伸大拇指这个动作在世界许多国家和地区的意义不尽相同，在中国意味着“向下”“下面”，是一种没有教养的动作，大多表示鄙视、看不起。因为含有贬义，表示对对方含有敌意，所以在生活中不要轻易使用。

向上伸食指通常没有特殊的含义，也就表示“一”的意思。如果用食指指向别人，也没有特殊的含义，只是特别强调一下而已。但如果伸出的是弯曲的食指，在非正式场合表示与某人打招呼。不过在正式场合下应尽量避免

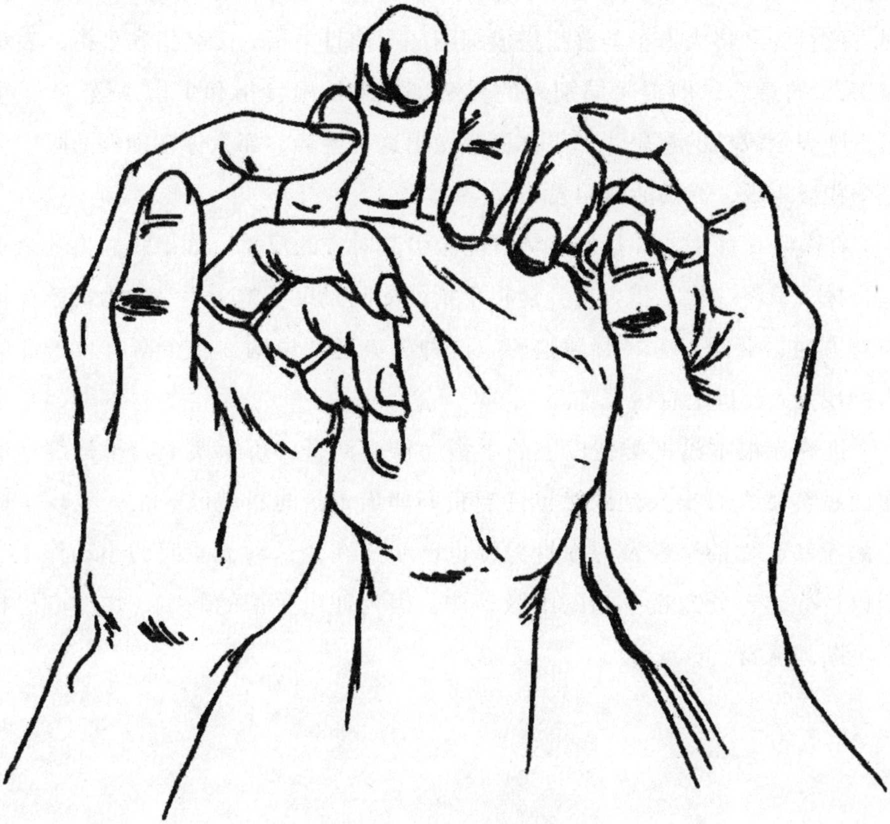

十指连心，手无遮拦，
小心被人看穿隐私

使用这个动作，因为这是对对方的不尊重。

向上伸中指多被认为是一个轻浮的动作，甚至是对别人的侮辱，被人看成是一种下流的行为。

向上伸出小拇指通常表示对方很弱小、很差劲，含有蔑视的含义。日常交往中，如果对别人使用这个手势，那就说明你对对方有成见，非常看不惯对方的行为。将大拇指与食指搭成圆圈，再伸直中指、无名指和小指，表示“OK”的意思，即很赞同别人的看法。如果伸出食指和中指，呈“V”字形，则表示成功的意思，如果你喜欢做出这种手势，那么你在别人的眼中会是个积极乐观、充满活力的人。

在人际交往中，伸指的姿势可能会引起对方的反感。如果我们将其余手指合拢，只将一根手指突出，这根手指就如同凝聚了整个手掌的力量，在指向对方时，会给对方一种胁迫感。这种姿势通常说明你是个富有攻击性的人，在为人处世上有些强势。

也许你根本没把类似以上的手指动作当回事，可事实上，越是细微的东西越会被人看出大问题。也许当我们伸出手指时，就已经被人发现了内心的想法，你的个性及习惯性思维也已暴露在了这种无意间的小动作上。所以，一定不要忽视手指的细微动作，因为伸出手指的同时，你的心思也在不断地流露。

2. 摊开的双手展示着你的诚实

摊开的双手展示着你的诚实。

在教堂里，牧师们通常都会左手执《圣经》，右手伸向教众，以示上帝的爱心；在法庭上，证人都要举起手掌，以证实自己的证词是真实的。所以，一见到摊开的手掌，我们往往就会联想到坦率、诚实、忠诚、谦逊等形容优秀品质的褒义词。

可以说，摊开双手的姿势代表的就是没有恶意，我们在日常生活中经常看到许多乞丐采用这种姿势，表示妥协、服从、哀求的意思。从人类社会发展的角度来看，做这样的手势明显是在告诉别人：“我的手中没有武器，我是带着诚意的。”

摊开的双手还是一种接受他人的手势，意味着我们欢迎他人的意见。在我们为了表示自己的诚意时，也总是摊开手掌，意思是“我坦白地告诉你”“我错了，我道歉”等。而且在我们与别人谈话的过程中，如果不经意地将原本紧握的双手慢慢打开，我们其实也给对方传递了这样的讯息：“我正在放松戒备。”在这种情况下，对方也会相信我们的话不是谎言。

看到这里，你心里也许会这样想：“下次说谎时我一定不把手藏起来。”其实，当与人交谈时，我们说的话漏洞百出，即使我们摊开手掌，也难以掩盖谎言，而且摊开手掌的动作和谎言是自相矛盾的，还会给人留下非常不好的印象，这个坏印象可能会影响我们以后与别人的交往。

当然，如果我们所说的话是谎话，但是手掌自然摊开，而且配合得很完美，别人也可能会被我们蒙骗一两次。但是，人们不可能总在一块石头上绊倒很多次，因此，一两次谎言的代价可能是使我们成为喊“狼来了”的孩子，即使以后我们说了真话，别人也不会再相信我们。这也启示我们，在社会交往过程中，一定要言行一致，不要用摊开的手掌来行骗，因为这迟早会被别人识破。

与摊开手掌手心向上完全相反的手部动作，就是伸出手时手心向下。这个看似简单的变化，却展示了完全不同的心理活动。如果你在交往中经常做出这个动作，那么暗示你是个控制欲望很强的人，想要掌控一切。而且，你不坦诚，甚至很孤僻、很保守。希特勒当年发明了一个掌心向下的敬礼姿势，即在敬礼时手臂伸直，手掌处于水平位置，掌心向下，这是狂妄的象征。

日语中有一句话，直译以后就是“让对方看你的手心”，它表示的意思就是要真心地对待别人，不要撒谎。当我们将手掌摊开面对别人时，通常来说我们都是真诚、可信的。相反，如果我们以掌心向下的手势与别人交谈，即使你的话听起来很坦诚、很谦逊，你的内心也一定是想要掌控对方、想要掌控你与对方的交谈局势的。

摊开的双手展示
着你的诚实

3. 独树一帜的尖塔式的手势

尖塔式手势，展示着一种自信的态度。

所谓尖塔式手势，就是将一只手的手指尖轻轻地触碰另一只手的指尖部位，形成一个尖塔形状的手势。这种手势一般分为两种，一种是举起的尖塔，一种是放下的尖塔。通常情况下，我们在发表自己的意见和观点时，会使用举起的尖塔；而在聆听别人的谈话时，则会使用放下的尖塔。

在上下级的交谈中，往往会出现这样的动作，比如，作为公司主管的你在讲述自己的辉煌经历时，就会不时地用十指构成塔形，甚至会将这个尖塔左右摇动。如果你从事会计或律师工作，也可能会经常在不自觉中使用这种手势，因为这种手势体现的是一种自信的态度，表示你胸有成竹，充满了自信。或者，当你就某件事下定决心或找到了问题的答案时，也会做出这种尖塔式的手势。一个领袖在向他的传记作者或专栏作家解释一个结论或讲述一个问题时，也会常常做出双手指尖架在一起的姿态，表明对自己所说的绝对自信的态度，有时他不仅神情显得自信，还可能会伴随着身体后仰的姿势，这个姿势使自己更显高傲，这种动作在西方比较多见。

在商务活动中，客户都希望能将自己的业务交给一个专业的人来完成。当你在客户面前做出这个手势时，就会给客户一种非常自信的感觉，随之客户也会认为你是很专业的，是真的有“金刚钻”才敢揽他的“瓷器活儿”。

据英国广播公司报道，伊拉克前总统萨达姆在特别法庭上露面时，尽管只有短短的30分钟，但却足以令专家通过萨达姆的一举一动对他的心理状态进行评估。美国亚特兰大心理学专家帕蒂·沃德在接受英国广播公司记者采访时称，尽管萨达姆在表面上仍然不断地挑衅和反抗，但他的肢体语言证实他的内心防线已经被击溃，其中，便有萨达姆两手指尖架在一起呈尖塔状的动作。这是他最初自信时的表现，并且这是一个拥有权力或曾经拥有权力的男人希望获得主动权和自我控制时的表现。

另外，在一些较正式的场合，尤其是会议主持人、领导者、教师在主持会议或上课时，也用这个动作来展示独断或高傲，以起到震慑学生或与会者的作用。

自信的高层管理人员经常会使用这一手势，以此体现他们的身份和自信，对自己的答案很有信心。惯于使用该手势的人有时候还会将它演变为一种祈祷式的手势。总体说来，如果你想说服对方，或是赢得他人对你的信心，你就应当尽量避免使用尖塔形的手势，因为这一手势有时候会给人造成一种自鸣得意、狂妄自大的感觉。面对老板，千万不要以尖塔式手势回应他，这只会让对方觉得你自鸣得意、狂妄自大。这时最好微笑、点头，频频附和老板说的话，以示你与老板站在同一立场。

不过，如果你想使自己看起来显得胸有成竹，自信十足，那么尖塔形的手势应该能够帮助你。

总体说来，尖塔形手势分为两种：举起的尖塔，人们通常会在发表自己的观点意见或说话时使用该手势；放下的尖塔，使用该手势者正在聆听他人的观点或谈话。比较而言，女性更加偏爱使用放下的尖塔手势。举起的尖塔手势如果配以头部微微后仰的动作通常会给人留下傲慢自大的印象。

虽然尖塔形的手势是一种正面的肢体信号，但是它同样可以用于消极或否定的场景之中，而且通常会被人们误解。譬如，你正在向某些人陈述自己的观点，而且对方中的许多人也通过一些动作和手势肯定了你的陈述，例如手掌摊开、身体前倾、点头等等。然而，就在你的陈述即将结束的时候，有些人却开始摆出了尖塔形的手势，如果对方摆出的是放下的尖塔形手势，你就应当谨慎处理了。

当你向某人提供问题的解决方案时，对方在做出其他一些肯定性的手势或动作之后，摆出了尖塔形的手势，那么，你大可以放心地继续你的陈述，并且提出订单要求。换一种情况而言，如果对方接连做了一些否定性的手势或动作，譬如交叉双臂、跷起二郎腿、东张西望或是用手托住了腮帮，然后才摆出了尖塔形的手势。那么，这就表示他接下来很可能会对你说“不”，从而结束你的谈话。

尖塔式手势，一种自信的态度

4. 扭绞双手的动作透露着你的不安

扭绞双手，透露着不安。

手势常常都会表现出我们的心理状态，不同的手势展现着我们不同的内心活动。比如当我们感到焦虑不安时，我们就会玩弄手中的物品，或者扭动手上的戒指。如果感到非常焦虑时，甚至还会将双手扭绞在一起。心理学家在对一个患有严重焦虑症的患者的观察过程中发现，患者做出的最多的动作，就是近乎自残地扭绞自己的双手。

事实上，扭绞双手展现出来的不安心理，是哺乳动物的一种被称为“替代行为”的行为模式在作祟。当拥有多个互相冲突的动机时，我们就会需要寻找一种与直接目标互不相干的替代行为，以此来发泄多余的能量，从而让自己获得短暂的安慰。比如，当我们做出两手相扭、十指交叉的手势时，便会体现出一种“手无处可放、有力使不上”的含义。我们会感觉自己空有一身本领，却无法派上用场，所以就会做出一种想使劲却使不上的动作来，想把力气作用于自身，找出发挥力量的空间。

需要注意的是，当我们在寻找替代动作时，通常会选择别人可能会对我们进行抚慰的地方进行触碰，如手部、脸部、头部等。这是因为，自我慰藉的行为属于一种退化性的行为，它令我们渴望回到童年被爱抚的时候，从而为自己带来某种虚幻的安全感。

此外，当我们遇到困难或无助时就会不知不觉地做出扭绞双手的动作，这表明我们的性子可能有些急躁，而且心态不够好。特别是在遇到事情的关键时候，我们就会不自觉地紧张起来，不能冷静地坐下来思考解决问题的方法，而是不停地来回踱步，表现得不知所措，最明显的表现就是双手相互扭绞、十指交叉。此时，我们最希望的就是有人站出来帮一下忙。如果没有人站出来施以帮助，我们就会显得更加焦躁，双手的动作也会愈演愈烈，甚至形成恶性循环。所以，即使此时我们在别人面前假装平静、假装无所谓，别人一看我们的双手，就会知道我们内心的真实感受。

内心感到不安时，我们不但会表现出扭绞双手的动作，还可能出现用指尖拨弄嘴唇或者咬指甲的动作。这些细微的动作其实都是内心焦躁不安的表现。用食指及拇指的指尖来触摸嘴唇，一方面是想克服不安，一方面还可以令自己获得安定。一旦这种不安感增加时，我们感到光用指头碰嘴唇是不够的，于是就开始咬指甲及手指关节，甚至会把指甲咬成锯齿状。

因此，如果我们在与别人谈话间频频扭绞双手，或咬手指、指甲，或用指尖拨弄嘴唇，那么给别人的印象就是我们性格焦躁、易紧张，或者性格不成熟，极其幼稚。这显然对我们的人际交往是不利的，使得他人对我们的印象和信心大打折扣。所以，如果你有这样的“毛病”，不妨尽早改掉。

扭绞双手，透露着不安

5. 攥紧拳头，丰富的内心活动的展现

美国时任总统奥巴马在发表就职演讲的过程中，不止一次出现了紧攥拳头的动作。后来在其他公开场合演讲时，他也经常使用这个动作。

那么，这个动作到底表现着当事人怎样的内心活动呢？在一般情况下，人们在演讲或说话时攥紧拳头都是在向听众表示“我很自信”“我是有力量的”，表示一种亢奋或鼓励之意。比如运动员在获胜时，就常常会用振臂握拳的动作来表示亢奋。而在比赛前，运动员也会用这个动作来给自己加油，表达一种必胜的决心。因此，这个动作在很多时候向别人展示的就是一种力量感和安全感。

在出现激烈的矛盾或纠纷时，有些成年男性也会用攥拳头或伸出拳头的动作来展示自己的力量，这时展现出来的情绪就是愤怒，表示“我不会怕你，要不要尝尝我拳头的滋味”，并想通过打架来解决纠纷，平息自己的怒气。日常生活中，男人们打架的前奏就可以为我们证明这一点：愤怒的一方用很大的力气紧攥拳头，甚至将手指的关节都攥得咯咯作响，接着便迅速挥出拳头，向对方发起攻击。

不过，在这种情况下你最好将拳头收起来，不要总将攥紧的拳头在对方面前晃动，因为这样做的结果势必引起一场争斗，是不可取的。而且，从另一方面来说，总是拳头紧握的人也给人一种内心缺乏安全感的感觉。之所以这样说，是因为总是紧握着拳头给人的感觉是我们防御意识比较强。尽管我们攥紧拳头并不一定是要去攻击别人，而只是提防别人的攻击，但这无疑也是一种紧张、恐惧的状态，说明我们是缺乏安全感的。

攥拳头也可能表示我们对内心某种强烈情绪的遏制，比如我们在极度愤怒而又不想通过肢体冲突来解决问题时，就会低着头紧紧攥起双拳。再比如，当我们听到某个不好的消息而感到十分悲痛或极度懊恼时，也可能会攥紧拳头，并用拳头敲打自己的头部。

在遇到令自己感到不快的人，或面对对手时，我们也会以握拳头的动作来表示挑战。通过我们紧握的双拳，对方就可以知道我们有挑衅或攻击他们的意思。

当我们感到对方对自己不利或心中感到紧张时，也会将双手握成拳头状。这时候，我们的拳头传达出去的是小心谨慎、情绪不佳或紧张不安的意义。小婴儿在突然受到惊吓时，就会很自然地握紧拳头，似乎就是在传达着这种情绪。

不过，紧攥拳头这个动作表现出来的也不完全都是不佳的情绪，虽然这表示我们的内心可能缺乏某种安全感，防御心理较强，但同时，有这种习惯的人还是能够关心和体贴别人的，比较富有同情心，也比较善解人意，因此会有不错的人际关系。

6. 摩拳擦掌时，你的心事已被看破

如果我们准备几天后去度假，现在正在准备度假的有关事宜，那么我们在与朋友谈起这件事时，就可能会不断地摩拳擦掌，表达着自己的期待和兴奋之情。其实，即使我们不说话，仅仅摩拳擦掌的这个小动作就已经将我们迫不及待的心情告诉给别人了。

人们通常都会用“摩拳擦掌”这个成语来形容做事精神振奋、跃跃欲试的样子。比如在投骰子前，很多人先将骰子放在手心，反复摩擦，目的就是希望能投出一个对自己有利的点数。在饭店吃饭，饭店快要打烊时，服务生可能会走过来，边摩擦着手掌边问：“请问您还需要点什么吗？”此时，你可千万不要以为他很愿意为你服务，他的动作其实是在告诉你：“我们该下班了，你该付给我一些小费了。”他的这种摩拳擦掌的动作，就是在传达一种期待的心情。

在一些专业的培训机构，培训老师在给从事销售工作的员工上课时，会教给他们一些简单的促销手段。比如，在向顾客描述某种产品或推荐某种服务时，最好能配合一些摩擦双手的动作。要注意的是，摩擦的速度一定要快，以免引发顾客的防卫心理。如果顾客在听了你的介绍后，也在不知不觉中跟着做出了快速摩擦手掌的动作，那么这就意味着他希望可以看到一些让他满意的产品或服务，而且购买的欲望也很强烈。

一定程度上，摩拳擦掌的速度体现出当事人的一些心理变化。比如你打算购买一辆车，当来到一家车行，向车行老板陈述完购车的一些要求后，如果车行老板一边快速地摩擦着手掌，一边说：“您真是运气好，我们这里刚

好有一款您需要的车子。”他其实是想告诉你，你在这笔交易中会得到不少好处；相反，如果他的手掌摩擦得很慢的话，那么他可能就会有些闪烁其词，隐瞒一些内容。这就会令我们有一种可能会上当的感觉，觉得自己在这笔买卖上会被宰。

此外，如果你在向上级汇报已经完成上级交付的工作，或者告诉朋友完成了答应他的事时，也可能会做出这种摩擦手掌的动作，此刻你传达出去的含义就是“我已经完成了任务”或“我没有让你感到失望”。

总而言之，这个手部动作所传达的是一种积极、乐观的情绪。当然，任何动作所表达的含义都不能离开动作发生的背景，因为背景不同，动作所体现的含义也是不完全相同的。比如在寒冷的早晨，我们在车站等车时就会不停地摩擦双手，即使此时我们正在与别人交谈，这一手势也不能体现什么特别的心理，我们只不过是感到有些冻手，借助摩擦来获取热量而已。

7. 自我触摸的动作有时也会出卖你

日常生活当中，我们经常能看到小狗和小猫等小动物舔舐自己的身体，小孩子也会吮吸自己的拇指，就连成人有时也会不自觉地摸脸、托腮、摸下巴等。这些都属于触摸和自我触摸行为。小动物舔舐自己是身体本能的需要，小孩子吮吸拇指则是心理的需要，而成人在感到不适时，也会高频率地使用自我触摸的行为来调整自己的心态。因此，这些自我触摸的动作体现着当事者的心理活动和情绪变化。

有时，小孩子在撒谎时会用一只手捂住自己的嘴巴，试图让谎言不再从嘴巴里冒出来。当他不想听父母的训斥时，就会用手捂住自己的耳朵，阻止训斥声钻进耳朵。如果看到可怕的东西，就会用手遮住眼睛。当孩子逐渐长大后，这些手势动作也会变得越来越熟稔而不易觉察。于是，在试图掩饰自己的谎言时，我们就难免会做一些下意识的手势，这些手势动作，将我们慌乱的内心暴露于外，使得细心的他人通过这些动作猜测到我们的内心活动。

我们应该都有过这样的经历：当我们在和父母或不太熟的异性一起看电影或电视剧，遇到男女主人公亲热的镜头时，我们就会下意识地做出触摸眼睛或鼻子等部位的动作，并且期盼这个镜头尽快过去。这个触摸动作所传达的，其实就是我们企图阻止眼睛看见令人不愉快、不舒服或令人怀疑的事情，代表的意思就是“我很不安，我不想看”。

“水门事件”这个轰动全世界的丑闻，直接导致了尼克松总统的下台。当时，全世界的电视台都播放了这条新闻，在镜头中，尼克松一边回答着记者们的提问，一边摸着自己的脸颊、下巴等部位。这些微妙的自我触摸，在水门事件爆发前的尼克松身上是不常见的。因此，尽管当时尼克松在镜头前表现得很镇静，但通过这些肢体动作，我们更确信在水门事件中尼克松是脱不了干系的。

每个人都有自己的短处，在某些方面往往是怯懦的，尤其是自己心里明白自己有错时，为了弥补内心的懦弱感，在许多场合就会用自我触摸身体的方式来掩饰自己的混乱感，自欺欺人地安慰着自己的内心，试图抚平内心难以言喻的焦虑感。毫无疑问，自我触摸动作频繁的人，内心也一定隐藏着许多不稳定的秘密。就算我们的控制能力再强，在他人看来，我们的表情依然会显得机械、呆板。

显然，肢体动作与我们的内心情绪是息息相关的。当我们心中感到不安或心藏异样时，为了安慰自己的内心情绪，就会通过自我触摸来求得心理的平衡。而为达到这种目的进行的下意识的自我触摸，反而将我们真实的内心活动出卖了，从而令我们的表现看起来更加不可信。因此，如果你打算借由这种自我触摸来掩饰自己的心情，也许并不是一个明智的做法。

8. 双手插入口袋，表示你在拒绝别人

大多数人可能会有这样的习惯，就是不论在何种情况下，都喜欢把手插入口袋中。事实上，这种手势通常会给人一种莫测高深的感觉，更明确一点儿的含义就是表示“我拒绝跟你交谈”。

这种姿势多数会出现在一些非正式的场合，属于一个很无礼的姿势。如果你在某些正式场合也使用这样的手势，会给人一种非常强势、缺乏涵养的感觉。这时，倘若你主动与对方交谈，或者向对方请教问题，你会发现对方根本不想搭理你，即使迫不得已回答你，也是敷衍了事。之所以遭到这种待遇，就是因为你的手势破坏了你在对方眼中的印象，令对方感到你很傲慢、没有修养。在一些专门的销售培训课上，老师们也会告诉推销员一些手势动作所表现出来的内心活动。比如当顾客将双手在插在口袋里看商品时，表示他此刻并没有购买的欲望，只是抱着一种看看的心态，而且，他也不希望推销员过于热情地推销，过于热情反而令他感到很烦。这时，推销员最好先询问一下顾客想要什么样的产品，弄清对方需求后再进行推销。如果顾客只是说想看看，那么就告诉对方：“您需要的时候请随时叫我。”然后就不要再喋喋不休地烦扰对方了，否则只会自找没趣。

在英国戴安娜王妃去世后，媒体每次只要一逮住机会就采访威廉王子，而威廉王子几次都做出手插口袋的姿势。他的这个姿势其实就是在拒绝媒体：“此时此刻，我不想发表意见，请结束这次谈话吧。”

从另一个角度来说，经常将手插入口袋中还给人一种不太认真听别人讲话的印象。也就是说，当对方与你讲话时，你的这个手势可能会被对方认为

你此刻正在思索自己的事，而不是在听他说话。因此，这也给人一种不被尊重、不被重视的感觉。如果你将双手插入兜内，而将大拇指露出来，那更会被人认为你过于傲慢，看不起人。

双手插入口袋会流露出一种拒绝的心理，将双手藏在身体后方的动作也体现了类似的心理。比如在一些推销活动中，顾客的一举一动都会体现出他是否有购买欲望。如果顾客想购买某件东西，他的双手通常都会暴露在推销员的视线之内。如果他一边听推销员的介绍，一边亮出自己的双手，那么就代表他的心里已经在逐渐同意推销员的观点了，并产生了购买的倾向。相反，如果他不太想买，只想找些理由拒绝推销员，那么他就会将双手隐藏起来，这时，他的手势其实就在告诉推销员：“我不想购买，请不要再介绍了。”

从上面的叙述可以得知，与人交谈时将双手插入口袋内其实是不太礼貌的，在别人看来这就是一种拒绝的手势。所以，除非你真的想拒绝与对方交谈，不想卷入谈话当中，否则尽量不要使用这种手势，这容易引起误解。

9.“抓耳挠腮”出卖了你的所思所想

在成语解释中，“抓耳挠腮”这个词语被解释为“抓抓耳朵，搔搔腮帮子。形容心里焦急、苦恼、忙乱时无计可施的样子”。由此可见，这个动作通常表达出来的内心活动是焦虑、紧张、不安、慌乱的。

抓挠耳朵的手势，包括用手盖住耳朵、拉扯耳垂、摩擦耳廓后面，或将指尖深入耳道掏耳朵等。与触摸鼻子的手势一样，抓挠耳朵的动作也意味着你的内心充满了不安和焦虑。在他人看来，当你在做这些手势时，你的内心一定是感到紧张和不够自信的。

“挠腮”这个手势，具体是指用食指抓挠位于脖子侧面、耳垂下方的区域。通常你在做这个手势时，食指会抓挠五次。这个手势，体现了你内心的困惑和不确定，相当于不太确定是否认同他人的意见，有些怀疑。尤其当所说的话与手势动作不一致时，更能体现出这种心理活动。

比如，当你在听完别人的谈话后，边抓挠脖子边说：“这个……我觉得你做得很对。”其实，你此刻也许并不这么想，而是对对方的做法感到不理解，或者不认同，又不好直接指出，只好敷衍对方。但是，你的手势动作出卖了你的真实想法，也许对方通过你的手部小动作就可以断定你正在撒谎。此时的手势动作一方面是因为你撒谎时感到不安，另一方面，则是因为潜意识里拒绝继续倾听对方的观点，因为你与对方的意见是相左的。

除了抓挠耳垂、耳廓、腮部、脖子等部位，有时人们还可能下意识地做出拉扯衣领的动作。这是因为，人在撒谎时面部和颈部的神经组织会产生刺痒的感觉，而且因为怕对方怀疑自己的话，血压会升高，脖子也会不断冒汗，摩擦或者用手抓挠就可消除这种不适感。所以，当人们面临疑惑时，就会不知不觉地做出抓挠脖子或拉扯衣领的动作，以此来缓解自己的不安和焦虑。

另外，当你在与别人交谈时，如果内心感到紧张、不耐烦或缺乏自信，还会做出一些诸如手里不停拨弄东西，或整理领带、摸头发、摸下巴等动作。这些凌乱的手势动作与抓挠耳朵、腮帮的动作体现着类似的心理活动，就是表示你此时感到很烦乱，不希望对方再继续说下去，而是想自己冷静下来思考一下。同时，还可能表达你此刻很缺乏信心，很需要听到或看到一些实实在在的东西才感到心安。因此，即使此刻你没有通过直接的语言表达自己的真实所想，对方也可能会通过你的动作读懂你的内心，从而相应地停止与你的交谈。

10. 紧握双手或十指交叉时，内心活动的展露

紧握双手的姿势通常有三种形态，一种是将双手举到脸部，然后紧握；一种是将手肘支撑在桌子或膝盖上，然后握紧；一种是将双手握紧后放在小腹部。虽然三种姿势都是紧握双手，但展示出来的心理活动却是不同的。

通常来说，双手放置位置的高低与我们的心理挫败感的强度是息息相关的。如果我们将双手抬得很高并握紧，那么此时别人与我们沟通时就会感到吃力，因为这时的我们给人的感觉是很强势、不容易接近的；相反，如果双手放在身体下部并握紧，此时别人就感到与我们交流起来比较容易，因为此时我们看起来有些挫败，也开始愿意接受别人的看法。

英国女王伊丽莎白二世在王室访问或出席公共活动时，最常见的手势就是双手握紧，然后优雅地放在膝盖上。因为是名人，所以人们通常认为这个手势代表着自信和从容。其实并非如此，这种姿势体现出来的反而是拘谨、焦虑。美国谈判专家杰勒德·尼伦伯格和读心术大师亨利·卡莱罗曾经对这种手势进行过研究，结果发现，如果一个人在谈判中使用这个手势，那就说明他已经有了挫败感，心中的消极情绪已开始蔓延。所以，当我们感到自己的话缺乏力度，或自己已经处于下风时，就可能会做出这种手势，而别人也可能会通过我们的手势变化，来猜测我们的心理活动。

十指交叉的手势一般有四种：一种是将十指交叉后盖在头顶；一种是将交叉的十指举到脸部，与额头平行；一种是十指交叉，将肘部放在桌子或膝盖上；还有一种是将十指交叉后放在小腹部位。

十指交叉与紧握双手体现着相似的心理活动。心理学家研究发现，十指

交叉体现的是一种拘谨、焦虑的心理感受，带有一定的否定、消极情绪。同时，十指交叉后放置的部位越高，说明此时我们内心的挫败感越强烈。随着十指交叉位置的提高，别人与我们交流的难度也会增大。而当我们将交叉的十指放在头顶时，就几乎听不进别人的谈话了，此时，我们的焦虑和消极心理已经达到了顶点。我们可能会发现，有些新闻发言人在发言时会将双手的十指交叉，然后平放在桌面上。这个动作看起来似乎是心平气和的，表明自己很自信，但有时并非如此，它可能代表着一种内心不安的情绪，表示他在掩饰自己的消极态度。

由此可知，手势动作和心理活动是相互影响的，所以在商务活动中，如果你不希望自己的情绪变化影响到正常的商务交流或谈判，那么最好不要做出这种十指交叉并且位置不断提高的手势，因为这会让对方感到你在建立心理防御，不希望谈判正常进行下去，这对商务活动显然是不利的。

11. 恰当的握手方式，体现你的人格修养

握手是世界上最常见的一种社交礼仪。

在双方握手后，我们会从对方的握手方式中获得对对方第一印象，对方也一样会在潜意识中对我们做出相应的评价，比如，我们是否会对他造成压力，我们是否正在试图控制他；或我们是否是个好欺负的人，他能否控制我们；或我们与他势均力敌，他觉得与我们交往很舒服。

也许你觉得握手只是一种礼仪行为，而事实上，几乎每个人在握手时都会在潜意识中对对方做出评判，并猜测对方的心理活动。所以，掌握恰当的握手方式不仅对人际交往非常有用，而且能体现出我们的个人能力和人格修养。

那么，怎样的握手方式才是恰当的呢？这是个难以回答的问题，就如同“什么样的衣服好看”一样。恰当的握手方式需要根据当时的环境来判断，就像不同的场合我们要选择不同的衣服一样。

如果你希望握手之后的气氛更加融洽，那么在握手时就应该尽量保证双方的手掌处于同一水平面，并与对方施加的力量一致，然后轻轻地摇动4～6下。如果要表达你见到对方的兴奋、喜悦之情，也可以用两只手握住对方，并稍稍增强力度，以示对对方的重视。这会给对方一种热情、真诚、受到重视的感觉，你与对方之间的关系也会因此而变得更加融洽。

如果你面临的是一场商务谈判或者棘手的交易，那么在握手时要尽量将手掌翻转，令自己的手心向下，这样可以给对方造成一种强势的感觉。这种握手方式也被称为“获得控制权的握手方式”。

当你打算向人道歉时，就不能再使用这种获得控制权的握手方式了，这样做只会令对方怀疑你的诚意，令结果更加糟糕。所以，这时要使用一种恭顺的握手方式，即尽量让自己的手心朝上，主动给对方让出优势地位，而且还要保证手腕柔软。不过，倘若有人在与你握手时使用这种握手方式，你最好不要就此判断对方毫无威胁，因为有些靠手谋生的人会在潜意识当中保护自己的手部不受伤害，因此他们会采取这种最不易伤到自己手的方式握手。但是，这并不代表他们就一定是软弱无能或对你恭顺的人。比如一些外科医生、手模、画家、钢琴家等，在握手时就会给我们造成这种错觉。

另外，握手时拇指与食指的张开角度也能体现我们的内心活动。如果你想在对方面前表现得谨慎一些，不想太过张扬，那么拇指与食指的分开角度不要超过 30 度；如果你想表现得慷慨、灵活、热情一些，可令拇指与食指的张开角度保持在 45 度左右；如果你想表现得开朗、大方一些，那么可令拇指与食指张开约 90 度。总之，拇指张开的角度越大，越体现你的大气，但也容易给人一种独裁的感觉；拇指张开的角度越小，越体现你的保守与谨慎。

12. 一些握手方式会给人留下坏印象

在社会交往和商务活动中，握手普遍被用来沟通情感和维系关系。不过，很多人其实并没有真正掌握握手的要领。而且，还可能由于某些不当的握手方式，给别人留下不好的第一印象。

在所有的握手方式中，被公认为最不受欢迎的方式就是奄奄一息、毫无力度的握手。可能你不知道自己怎样同他人握手会给人一种奄奄一息的感觉，那就回想一下自己在与别人握手时是否有过这样的感觉：握手时，对方就仿佛一个奄奄一息的病人，软弱无力，而且握手时间很短，稍稍一沾手就敷衍了事。这种握手方式会不会让你觉得很不舒服？如果是，那么最好不要用同样的握手方式与他人握手，因为这会让人觉得你毫无诚意，而且是个软弱无能之人。如果与你握手的人恰恰地位又比你低，这样的握手又会让对方觉得被你轻视。试想一下，如果在与客户谈生意前采用这种握手方式，有哪个客户会乐意将自己的业务交给一个他认为毫无诚意且又软弱无能的人呢?

在握手时，有些人习惯于握一下即可。虽然开始时将对方的手握得很紧，但只握一下便松开了。如果你恰好有这种握手习惯，那么通常在社交场合你会表现得很轻松自在，但你的内心往往很多疑。而且，你一般不会上别人的当，即使别人对你很友善，你也会时刻保持警惕。你的握手方式会给人一种你不够信任对方的感觉，故而对方也难以与你建立很友好的人际关系。

还有一种握手方式属于刺刀般的握手，要理解这是一种怎样的握手方式，我们不妨回想一下用刺刀刺向靶子时的情景。也就是说，在握手前，会将手臂弯成几乎 90 度的角度，然后直挺挺地将小臂伸向对方。这一动作会令对方感到很突然，同时也显示出你毛躁、不够沉稳的个性。

与刺刀般握手相仿的另一种握手方式，是将握手对象拉向自己身边，从而令对方进入自己的私人空间。这种握手方式暗示你是一个缺乏安全感的人，将对方拉入自己的空间是为了克服陌生环境或陌生的人带来的紧张和不安，这种握手方式同样不会令人对你产生好感。

握手时，如果不停地上下摇动，仿佛停不下来一样，也会令人感到不舒服。这种握手方式在一定程度上虽会让对方感到非常亲切和热情，但如果不把握好“度”，反而会弄巧成拙，让人认为你过于逞强、自高自大。

还有一个需要注意的问题，就是避免握手时手掌都是汗水，让人握上去感觉黏黏糊糊，像一块刚刚擦过稀饭的抹布。在这种情况下，不论你的握手姿势多么正确，你的表情多么彬彬有礼、热情有加，也不会给人留下什么良好的印象。因为这会让人感到你的内心过分紧张、害怕，甚至情绪正处于失衡状态。处于这种状态，对方怎么能相信你会有良好的表现呢？所以，如果你的手掌经常出汗，最好能够为握手准备一条干净的手帕。

13. 交叉双臂，意味着你在防御对方

交叉双臂，意味着你在防御对方。

双臂交叉的手势动作是我们经常会做的，但是你知道它所体现出来的心理特征吗？你在何种心理状态下才会做出这个动作呢？

可能多数人不太考虑这个问题，而事实上，双臂交叉的确是一种很明显的心理活动的外在体现。通常来说，这是一种消极、否定、负面的肢体姿势，它属于一种防御性的姿势。将双臂交叉抱于胸前，就如同在自己与他人之间建立了一道屏障，将不喜欢的人或物挡在身体之外。一般当我们在拥挤的公交车或一些陌生的环境中，常常会做出这种姿势，大多数情况下是为了掩饰自己的不安和紧张情绪。

双臂交叉抱于胸前的姿势也有很多种，比如将双臂交叉后抱于胸前的同时，双手会握成拳夹在腋下，这不仅传递一种强烈的防御意识，还带有对他人明显的敌意。如果你去一些处理投诉的部门门口看看等待解决问题的人，你会发现大部分人都会做出这种动作。这种动作给人的感觉就是内心充满不满和愤怒，甚至想要与对方发生口角之争。

还有一种抓握式的双臂交叉，即在交叉双臂环抱于胸前的同时，双手分别紧抓住另一只上臂。这种姿势与以上姿势所表达的心理有所不同，它不仅带有防御封闭的感情色彩，还代表着内心更多的不安、拘谨和紧张情绪。大多数时候，当我们在搞不清楚状况时，就会下意识地做出这种动作。如果你是一名高层管理人员，最好不要使用这种手势，因为这会让员工感到你在怯场或紧张，破坏你在他们心目中的领导形象。

交叉双臂，意味
着在防御对方

除了以上两种姿势外，还有一种姿势是在双臂交叉抱于胸前的同时，露出两个向上竖起的大拇指。这是一种很自信的身体姿势，你是想通过这个姿势告诉对方，你的自我感觉良好，一切尽在掌握之中。如果你感到自信满满，与上司相比毫不逊色，那么在会见上司时就可能做出这种姿势。在上司的眼中，你的动作和姿势告诉他，你是个能力很强的人，而且也很敢于发挥自己。

不过总体来说，如果你经常做出将双臂交叉抱于胸前的姿势，你的可信度会随之大大降低，虽然这个姿势让你感到很舒服。有关人员曾做过研究，在一个演讲当中，如果台下观众的双臂始终保持一种交叉的姿势，那么表明他们并不赞同台上演讲人的观点，而且，他们的注意力也已转移到了演讲之外的事物之上。正因为如此，很多培训中心的教室里都摆放着有扶手的椅子，从而使参加培训的人员可将手放松地置于扶手之上，减少手臂交叉抱于胸前这种姿势的发生。

请记住，所有的肢体语言所传递的信息，无论是对接收者而言，还是对发送者而言，都是不一样的。在面对某人时挺直腰背、将双臂交叉抱于胸前的姿势会让你觉得很“舒服”，但是有研究表明，面对这样的姿势时，对方对你的态度或许是否定或消极的。

所以说，无论何时何地，都应该尽量避免做出交叉双臂的动作，除非你想刻意地告知对方，你并不同意他的观点，或者你并不想参与其中。

14. 双手叉腰所体现出来的个性特征

当两个人吵得不可开交时，或者运动员在准备即将参加的比赛项目时，他们的姿势常常是双手叉在腰间，肘部从身体两侧突出。这种姿势表达的是一种抗议或进攻的情绪，同时也是一种非常自信、非常独立的表现。

双手叉腰的姿势属于一种古典的肢体语言，象征着命令，也意味着自己想充当支配者，随时准备发起攻击。而且，这种姿势可以让自己占据很大的空间，同时外凸的手肘像武器一样，可以起到威慑别人的作用，显示出自己对战斗已经准备就绪的状态。做出这种动作，还会给人一种你是成功者的感觉，因为它能够显示出你对既定目标的志在必得和胸有成竹。如果你是男性，在女性面前做出这种动作时，会令你显得更加魁梧，更有男子汉的气概和自信风度。

走路时喜欢双手叉腰的话，你给人的感觉通常都是急性子，总希望在最短的时间内做完自己的工作。在他人看来，你是一个具有很强爆发力的人，在决定实施计划时就会做出叉腰的动作。有时从表面上看，你想给别人一种沉默、低调的印象，好像没有什么大的举动。其实，你的这种表现是“此时无声胜有声”，因为这种下意识的叉腰动作，实际就是一个大大的“V”形，你已经告诉别人，你对这件事很自信，胜利在望。

男性双手叉腰会给人比较健壮魁梧的感觉，但女性双手叉腰却会给人一种凶悍泼辣的感觉，有“河东狮吼”之嫌。电影《功夫》中的那位暗藏狮吼功绝技、将租户吓得大气不敢喘的包租婆，就会摆出双手叉腰的姿势；《河东狮吼》中那位性情暴躁、把老公打得不敢回家的月娥，也有这样的姿势。

这些“悍妇”的最典型姿势，就是在“发威”之前先双手叉腰。所以，女性即使自信心再膨胀，自我感觉再良好，也最好不要采用这种姿势来展现自己，否则只会把周围的人都吓跑。

不过，也并非所有双手叉腰的女性都不能显示温柔。在一种情况下女人双手叉腰还是很能显示自己的魅力的，那就是在T型台上走秀的模特，她们很多时候都会以叉腰的姿势走来走去。行为学家研究发现，这是模特们在通过这种姿势告诉观众，她们穿上这样的衣服是多么自豪、多么自信，心动的人们赶快来买。

另外，当你在做双手叉腰的姿势时，外衣的扣子是紧扣着还是松开着，叉腰时有没有将衣服的下摆带到臀部，也体现着你不同的心理活动。如果在衣扣扣着的状态下做出双手叉腰的姿势，那你给他人的感觉就是沮丧的，有一种挫败感；如果将衣服敞开，叉腰的同时又将衣服下摆拉到臀部，展示的就是一种挑衅的心理，表明自己毫不畏惧；如果再将双脚分开，挺拔站立，那攻击性的气息就更浓烈了。

总之，如果你既不是伟人，也不是行走于T型台上的模特，最好还是少做出这种姿势。无论如何，这种姿势都比较容易冒犯别人。比如在二战结束时，在接受了日本投降后，道格拉斯·麦克阿瑟将军与日本天皇拍了一张合影。在这张照片上，日本天皇站在一旁双手安静地放在身体两边，而麦克阿瑟将军却将双手放于髋上，摆了个“叉腰”的动作，这在日本人看来，就是个极为不敬的姿势。

15. 拥抱自己时，你在掩饰什么

通常情况下，当我们将双手合抱于胸前时，就可以与外界间形成一道阻挡威胁或不利情形的防线。尤其是在公开的集会上，以及一些让人感到不自在或不安全的场合下，这种姿势可以令我们感到更加舒适。但是，在你与别人交谈时如果采取这种姿势，可能会被对方看透内心，认为你是个缺乏安全感或缺乏诚意的人，因为这种姿势还代表着一种抗拒的情绪。

有些时候，我们还会用另外一种姿势来代替这种明显的肢体语言，那就是单臂抱于胸前，即用一只手臂在身体前弯曲，然后抓住另外一只下垂于一侧的手臂。这种姿势也被称为“自我拥抱式”，看起来就像在拥抱自己。通常女性更容易做出这个动作，在多数情况下，它传达的是我们心中存有焦虑、落寞或无奈。当反感对方或感到对方对自己可能有不良影响时，我们就容易做出这种姿势，表示要与对方保持一定的距离。

男性的自我拥抱姿势与女性不太一样，通常是将下垂的双臂前移，然后双手互相握住放在身体前方。通常在上台领奖时，我们会用这样的姿势面对观众。这种姿势也被称为“护短式握臂”，因为我们双手的位置正好处于身体的“重要部位”，这个姿势可以保护自己免受伤害，这个姿势传递给别人的信息就是我们在增强自身的安全感。

在一些商务活动或会议上，有时我们会将手提包或公文包抱在胸前，这其实是在掩饰内心的不安。这一动作也暴露了我们内心的真正想法，因为这种姿势并没有什么实际意义，只是一种单纯的掩饰而已。相对来说，女性掩饰内心情绪的动作会更隐晦一些，当内心感到紧张或不安时，一般会紧紧地抓住手提包或钱包等随身携带的物品。

我们不仅会通过握住手臂等这种明显的动作来拥抱自己，以获得内心的安全感，还会通过一些微小的动作来充当防御工具，比如用双手握住茶杯，其实要端起一个杯子，一只手就足够了，如果你在与人交谈时用两只手捧住杯子，那么你的双臂就会很自然地在胸前形成一道屏障，这样可以将让自己感到不安全的因素挡在双臂之外。这种自我保护的肢体动作比较简单，且不容易被别人察觉，几乎所有人都采用过，但可能只有少数人能意识到我们做出这种姿势时真正的内心活动。当然，这并不代表所有人都不会看透我们的内心活动，总会有人能通过我们的姿势洞悉我们的内心。因此，如果你不想被看透，这种姿势还是慎重使用为好。

16. 让手平静地放着不动，防止别人看透内心

古罗马著名的政治家和演说家西塞罗曾说：“手势恰如人体的一种语言，这种语言甚至连最野蛮的人都能够理解。”的确如此，手势动作完全可以代替我们的嘴巴而表达一个完整的概念和一个清晰的含义，并且能够比语言更加准确、细致地反映我们内心的真实情况。

通过手势观测他人对于我们而言比较容易，而避免或强化自己的某些手势却不那么容易。因为手势多数时都是我们自然而然地、出于本能做出来的，比较难改变。那么，在日常人际交往过程中，尤其是在商务谈判过程中，我们怎样才能避免做出不恰当的手势，或在不知不觉中被某些手势出卖呢？很简单，倘若你不擅长使用手势，那就在说话时忘掉双手，或干脆将双手放进衣服口袋中“藏”起来。

当然，要忘掉双手也不容易，因为只要它们闲着，就可能被我们的本能指引着来“捣乱”。因此，如果这场谈话对你来说比较重要，你又担心双手出卖自己的内心，就让它们做点别的吧，比如可以在面前摆弄一只茶杯，然后从谈话开始就双手捧住茶杯；或双手合并，夹在两腿之间；或在谈话过程中不时地看一看别人的双手，以提醒自己不要做出不恰当的手势等等。

如果上面的办法还不能令你的双手“安静”下来，那就用一种无敌的招数：在说话时将双手“藏”到口袋当中。不要小看这个办法，它不仅能帮助你避免被不恰当的手势出卖，还能够在无形当中增加你的风度。有一本描写上流社会行为方式的书就曾经这样介绍说：将手插入口袋的姿势，是男子的一种常见动作，多见于受过良好教育的绅士身上。这种手部姿势在体现男

子的英雄气概之余，还能突出其良好的教育，显示出他们谦逊得体的绅士风度。也许正因为如此，法国那个骄傲至极的皇帝拿破仑在看到画像当中的自己也使用这种姿势时，非常高兴地夸赞画师："你太了解我了。"既然这一动作能够一举两得，我们何乐而不为呢？

第四章

魔术手臂：他的心思手臂最知道

手臂是人身体第一大自由活动的器官，它身兼多职，可攻可守。这注定手臂是心思最多也是最容易暴露的器官之一。单独的手臂行动有可能会暴露对方的自信或愤怒的小心思，如握拳；组合活动有可能暴露对方质疑的心理，如摸耳朵；犹豫的行为可能暴露对方主动的攻势，如先凝视再握手的姿态……这些只需要你观察就能全部了然于胸的小动作其实都属于微表情的范围。

1. 愤怒的拳头

手掌朝外是一种友好姿势，表示一个人想和别人和平相处。朝外的手掌代表的是一种宽容、善良以及海纳百川的胸怀。但是，当指关节冲外，手掌圈起成拳头状时，所表达的情绪正好相反，这是一种自我保护的表现，拳头紧握的人实际上正在向对方宣战，这个动作的意思就是："小心点，否则会让你吃上一拳。"

小牛和几个要好的朋友一起聚餐，席间谈起了大学毕业后各自的发展状态。以前成绩不好的老步现在是一家公司的经理，买了房，娶了媳妇，衣食无忧；总是逃课的老王如今创业成功，成了一家小饭店的老板，正在琢磨着开一个分店；即使是当时觉得最没发展的小何也从国外留学归来，在一家外企就职，工资不菲。只有小牛，如今还是一个普普通通的员工，跳了几回槽，待遇不高不低，没有房，没有女朋友。每个人都多喝了几口酒，说着说着谈到了当年各自的理想，老王突然醉醺醺地说道："想当初，小牛还是班里的学习委员，哈哈，真是笑话，现在就属你混得差啊。"尽管知道这是个笑话，但刚才热闹的气氛突然冷却了下来，小牛涨红的脸后面是一双握得紧紧的拳头。紧握的拳头在这里代表了一种气愤、激动或者害怕的状态。仔细观察，你会发现在不少动画片与影视剧里都会借用紧握且摇晃的拳头来展现人物激动的内心。

一般情况下，在庄重、严肃的场合宣誓时，必须要右手握拳，举至右侧齐眉高度。有时在演讲或说话时，握紧拳头则是向听众表示："我是有力量的。"但如果是在有矛盾的人面前握紧拳头，则表示："我不会怕你，要不要尝尝我拳头的滋味？”由此看来，握紧拳头能给人带来力量和安全感。

总是紧握着拳头，从心理学的角度来看，这是人的情绪发生变化时，由内而外的表现。压力、紧张或愤怒等情绪会使体内肾上腺素升高，因此不由自主地形成这种外在表现。

紧握拳头的人并不一定是准备去攻击别人，可能只是提防别人的攻击。他们做人的信条很可能是“人不犯我我不犯人，人若犯我我必犯人”。

除了缺乏安全感以外，经常握着拳头的人，是能够关心体贴别人、富有同情心并且善解人意的人，他们冲动起来会伴有咬指甲的行为，这无疑是一种紧张、恐惧的状态，说明这一类人是很缺乏安全感的。

在日常生活中，当你与人发生不愉快时，请把你的拳头藏起来，不要握起拳头在对方面前晃动，那样做势必会引起一场打斗，这是不可取的。同时，总握着拳头，也会很容易让人发现你内心缺乏安全感这一弱点。

愤怒的
拳头

2. 总是摸耳朵可能表示怀疑

摸耳朵可能表示怀疑。

耳朵位于眼睛后面，它具有辨别振动的功能，能将振动发出的声音转换成神经信号，然后传给大脑。在大脑中，这些信号又被翻译成我们可以理解的词语、音乐和其他声音。同时，捂住耳朵是我们逃避信息的一个方法。

小刘正在向老板汇报近期的账目情况，他一边展示着相关数据，一边做着说明，老板非常用心地看着每一笔开支。当听到最近的一笔办公用品采购花费时，老板动了动身子，伸出手摸了摸耳朵，把拿在手里的账本前后仔细翻了几页。小刘心里有点儿吃惊，他瞄到老板翻看的那几页，正好是自己这次没做比价报表就急忙采购回来的账目信息。其实，在老板用手摸耳朵的时候，就是对账目表示怀疑的时候。

我们知道，如果小孩子不想听到什么话，他的反应通常是迅速用手捂住耳朵，这种习惯跟随孩子直到成年。但是当一个成年人对另一个成年人的所作所为表示怀疑时，碍于礼貌，不会当场提出，却会不由自主地用手摸耳朵，有时眼睛还会漫不经心地往桌上看。如果你发现和你谈话的对象正在这么做，毫无疑问，他正在试图分散瞬间的不快，内心的声音也在呐喊：“真的假的？我可不太相信。”

抓耳朵、拉耳垂，或是把整只耳朵按住以掩住耳孔，这些小动作都有可能说明本人并不相信对方所说的话或提供的信息，他们用这些小动作来掩饰自己内心的怀疑与怒气。抓挠耳朵的手势也有多种变化，包括摩擦耳廓背后，把指尖伸进耳道里面掏耳朵，拉扯耳垂，把整个耳廓折向前方盖住耳洞等等。“我不想听它！”当人们觉得自己已经听得够多了，或者想要开口说话时，也可能会做出抓挠耳朵的动作。

和触摸鼻子的手势一样，抓挠耳朵也意味着当事人正处在焦虑的状态中。查尔斯王子在步入宾客满堂的房间或者经过熙攘的人群时，常常做出抓挠耳朵和摩擦鼻子的手势，这些动作显示出他内心紧张不安的情绪。然而我们从未在照片或者是影像资料里看到查尔斯王子在相对安全私密的车内做出这些手势。

抓挠耳朵的手势表示出听话人“非礼勿听”的企图。面对这种尴尬的状况，你不妨试试这么做：首先想想，你所说的话是否肯定正确，如果不太肯定，最好迅速转换话题，或在陈述末尾加一句：“我也不太确定。回头查证一下。”如果能保证消息准确性，可以在陈述同时，十指交叉，摆在桌上。借用这个动作向对方表达自己的自信，同时要记得面带微笑，否则容易让人误以为这个动作是在给他施压。

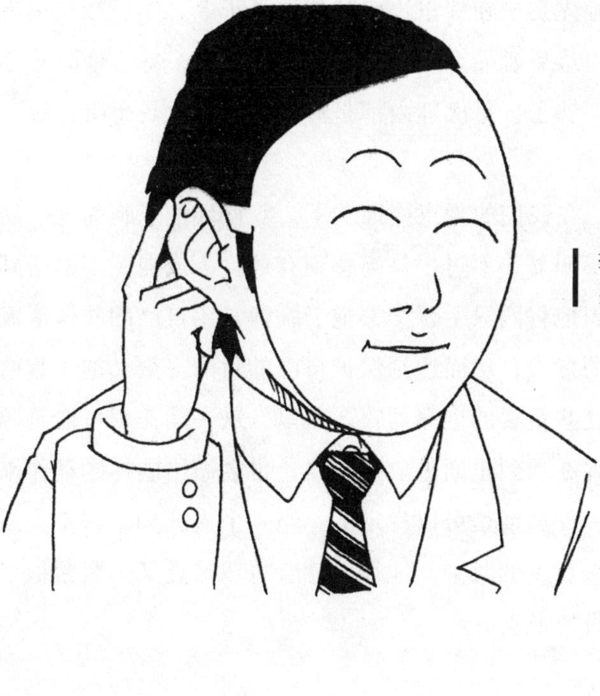

摸耳朵可能
表示怀疑

3. 胸前抱臂身体靠后表厌烦

双臂环抱是一种保护性姿势。早在远古时代，我们的祖先就已经学会了躲在障碍物后寻求保护的自卫方法。随着我们逐渐长大，我们逐渐学会了将双臂紧紧交叉抱于胸前来保护自己的动作。当长到十来岁的时候，我们又学会了掩饰，知道可以通过稍稍放松手臂以及配合双腿交叉的动作来隐藏环抱双臂这一动作的自卫性，从而掩饰我们内心的恐惧。

例如，丈夫正在为昨天的晚归向妻子进行解释，他喋喋不休，话越说越多，把各种细节说得都无比清楚，可是在一旁聆听的妻子，从开始的怒气冲冲渐渐变得面无表情，她先是坐在那里，胳膊放在桌子上，然后在丈夫说话的间隙站起来开始走动，最后她靠在了门框上，双臂抱胸，冷冷地盯着还在不停解释的丈夫说道："够了，每次理由都是一大堆，我只是想听你说一次真话而已。"

随着年龄越来越大，在我们的刻意掩饰之下，双臂环抱于胸前这一动作的防御性也显得越来越不明显。不过，每当感到有危险，或遇到不愿遇到的事情时，我们都会下意识地将两只手臂交叉抱于胸前，用自己的肢体形成一道身体防线，抵抗外来的危险，从而达到保护自己的目的。交叉抱于胸前的双臂可以保护心脏、肺这些重要的生命器官，所以，这一动作很可能是源自人类的本能。猴子和猩猩在遇到正面进攻的时候，也会做出同样的动作来保护自己。不管怎样，有一件事情是可以肯定的：当一个人感到紧张不安想保护自己，或不愿接受他人意见的时候，他很可能会将双臂交叉，紧紧抱于胸前，借此告知对方他有些紧张或不安。

当上司双臂环抱时，说明他在潜意识中抵触眼前的人，而身体靠后意味着上司刻意与你拉开距离，意味着他想结束本次谈话。上司的潜台词是："我已经烦了，你赶快走吧。"此时你可以这么做：无论说没说完，都要在最短时间里结束本次谈话。千万别试图用最后几秒说清自己的观点，上司的时间有限，还是下次说比较好。这时你可以也把身体往后仰，让上司看出你没有久留的意思。另外。这时不要再提重要观点，因为即使说了，上司也不会在意。

4. 双臂交叉或是拒绝或是有安全感

每个人站立的姿势大都是不一样的，比如有些人喜欢双手交叉抱于胸前，两脚平行站立。站立时有这种举动的人，对于他们来说几乎没有迈不过去的坎儿。即便遭受很大打击，也能迅速振作起来。他们的自我保护意识比较强，会不时地与非常熟的朋友保持距离，给人一种难以接近的印象。有时会过分重视自己的利益，集体感不强，往往因此而伤害到集体的利益。

双臂交叉抱于胸前，也是一种防御性的姿势，保护自己免受眼前的威胁。这是一种心理上的防护，也表示对眼前人的排斥。习惯于保持这种姿势的人，大都叛逆性很强，有很强的排斥感。也有一些人在思考事情时，习惯将双臂交叉抱于胸前，喜欢这么做的人，基本上警戒心都很强。他们习惯在自己和他人之间画下一道防线，不喜欢跟人太亲密。他们永远和对方保持适度的距离，冷漠地观察对方，而且有些特立独行，不考虑他人的意见，很容易与他人形成对立。年轻女性如果经常摆出这种姿势，则会给人一种冷漠的感觉，不易获得爱情。

另外，把双臂抱在胸前还非常明显地说明了此人想要掩饰什么，伴随这种姿势的还有紧张和不安的情绪，他们可能拒绝你提供的任何方案。所以当我们看到某人把双臂交叉放在胸前的话，则意味着此人想撤退。在工作中，这种人的创造力比其他类型的人更丰沛、发挥得更淋漓尽致，并不是因为他们比其他人更聪明，而是因为他们比其他人更敢于发挥自己。不过，胸部很丰满的女性或者感到不舒服的人也常常会采取这种姿势。

在生活中，如果遇到不平的事，最先站出来反对的一定是他们，因为他们身体里流淌的是好斗的血。所以，我们在识人的时候，如果看到某人常常摆出双臂交叉抱于胸前的姿势，我们就要注意尽量不要与其发生冲突，以免因为他们的好斗和攻击性，弄得两败俱伤。

总的来说，这类人是不易接近的。如果他们在谈话时身体微微往一边倾斜，则表明他们不喜欢你，你最好找个理由赶紧离开。

当你与他人交谈时，如果看到对方摆出了双臂交叉的姿势，那么你就应该立刻意识到自己是不是说了一些与对方观点不同的话。在这样的情况下，即使对方口头上表示赞同你的观点，你也已经没有必要再将谈话继续下去了。因为，他的肢体语言已经很明确地告诉你，他并不赞成你的话。事实就是，肢体语言远比有声的话语更加诚实可靠。

5. 两手叉腰易造成对他人的冒犯

两手叉腰易造成对他人的冒犯。

在动物世界中，动物在搏斗或者求爱的时候，为了让自己的身躯显得更强壮，鸟儿会抖动自己的羽毛，鱼儿会吸入大量的水以促进身体膨胀，猫和狗会努力让身上的皮毛竖立起来。而对于体毛并不丰富的人类来说，在感受到恐惧或者愤怒时，已经没法像原始人那样，通过竖立毛发让自己的身躯显得更加伟岸。于是，人们创造了一种能够让身躯显得更加伟岸的姿势——两手叉腰。

不同的人在不同的场合都会做出两手叉腰的动作。例如，小孩子向父母辩解时，运动员等待比赛开始时，拳击手期待下一回合开打时等。当男人的领地被其他男性闯入时，他们也会用这样的姿势向入侵者发起无声的挑战。两手叉腰的姿势能够让我们占据更大的空间，同时，往外凸出的手肘就像武器一样，可以起到威慑他人的作用，阻止其他人靠近或者穿行于自己的领地。这样的姿势显示出对战斗准备就绪的状态，据说战争中的很多领导人物都喜欢使用这一姿势。

两手叉腰的动作非常具有侵略性，它似乎对外宣扬了一种“我是主人，你们都应当听从我的指令”的信息，哪怕只是单手叉腰的动作，也会十分明显地传递出攻击性的讯息，特别是当弯曲的手肘指向攻击对象时。这个姿势通行于全世界，不过，在菲律宾和马来西亚，这个姿势所传达出的气恼与暴怒的讯息更为强烈。这个两手叉腰的姿势之所以能够展现出当事人随时准备发起攻击的状态，就是因为叉腰这一动作能够让当事人浑身上下都笼罩着微妙的攻击性气息。

两手叉腰的动作似乎是已经准备好要做某件事的预备姿势，所以这个动作也被称为成功者的姿势，因为它显示出当事人对既定目标的志在必得，或是对某件事情有备而来。男人经常会对女性做出两手叉腰的姿势，以此显示自己充满男子气概的自信风度。

两手叉腰的姿势能够让人显得更加魁梧和出众，因为这样一来身体就占据了更多的空间。在某些场合，叉腰姿势又非常容易导致对别人的冒犯。因此，要想看上去具有支配性，就要给人留下这样的印象：身强体壮，沉着稳定，对别人的任何威胁都不放在心上，这不一定必须要用双手叉腰的方式完成，你也可以试试单手叉腰。

当我们看到一个人两手叉腰的时候，应该结合具体情境以及他在此之前的肢体语言，来进行综合考量，这样才能保证我们对他的态度做出准确判断。

两手叉腰易造成对他人的冒犯

6. 紧紧合抱双臂或是紧张或是防御

通常，双臂交叉合抱于胸前有三种意思：一是表示感觉冷；二是表示内心焦虑不安或紧张恐惧；三是表示防御和拒绝。

当感觉寒冷时，人们会很自然地将双臂交叉合抱于胸前，然后用一手或两手上下摩擦所接触的上臂。这种驱寒方式实际并不能带来多少热量，但它却能够使人通过自我接触获得一种温暖的心理安慰。内心焦虑不安或者比较紧张时，人也容易做出双臂合抱的动作。该动作有自我保护之意，更多的时候，这个动作会被用来传达“防御”或“拒绝”之意。

倒退一步、合抱双臂是一种“撤退的姿势”，做出此动作的人很明显感到紧张，并对自己所说的话没有信心。终于与梁朝伟结婚的刘嘉玲对梁太太这个称呼似乎并不太感冒，因为细心人发现，每当香港记者叫“梁太太”时，她就会本能地后退一步，拉开距离。一次，在和某位记者谈到婚后怀孕生子的话题时，刘嘉玲下意识地合抱起了双臂，这个动作明显表明怀孕生子的问题让她感到了紧张，为了保护自己，她故意通过这个动作设置屏障，阻止话题继续下去。

将双臂交叉抱于胸前，就等于在自己与对方之间建立起了一道障碍物，能够将其不喜欢的人或物统统挡在外边。或许你注意过，在排队等候时或在拥挤的电梯里，许多人会下意识地做出这个动作，以掩饰在周围聚满陌生人时内心的不确定或不安全感。

某市政府曾经组织过一次辩论会，辩论的焦点是房地产开发商在开发过程中的伐树问题，与会者是房地产开发商代表和绿化环保代表。显然，这次辩论会的双方有着比较突出的矛盾。辩论会一开始，双方便剑拔弩张、唇枪舌剑起来。有意思的是，除了言语上的往来外，双方均使用了一个相当一致的肢体语言——双臂交叉合抱于胸前。在主持人发言，正式辩论即将开始时，有将近半数的与会人员出现了这个姿势；当开发商代表发言时，绿化环保代表中保持这一姿势的人数比率迅速上升到了 90%；而当绿化环保代表开始发言时，开发商代表又几乎都摆出了这个姿势。显然，辩论双方都是在以这种姿势传达着对对方观点的拒绝和否定，同时传达着对自身观点的坚持和维护，表明自己不会轻易被说服，对方很难化解他们的敌意。

现实生活中，这样的场景有很多。许多演讲者之所以没能成功地将信息传递给听众，就是因为他们没有留意到观众这种交叉双臂的姿势；推销员之所以没能够成功推销自己的产品，有时候也是因为忘了对方摆出此姿势的含意；商务谈判的双方之所以没能说服对方接受自己的条件，就是因为没能化解该姿势所传达出的对方内心的敌意等等。

相反，如果是一个经验丰富的人，当他看到自己的听众摆出了这样的姿势，就知道自己必须改变策略，迅速驾驶一艘性能良好的“破冰船”，击碎自己与听众之间的冰山，以便更好地吸引听众，说服对方，直到他们改变姿势，将原本的否定态度转变为肯定态度。

由此可知，当你与他人交谈时，一旦看到对方摆出了双臂交叉的姿势，你就该立刻意识到自己已经不受欢迎了。这时候应该迅速反思：你是否说了一些让他不高兴的话？你是否表达了他不能同意的观点……如果你希望谈话继续进行下去，那么就该想办法找出让对方出现这种姿势的原因，然后对症下药，尽快使对方转变态度。如果暂时找不出原因，但希望对方改变这种姿势，那就要点“小手段”吧，找一件必须让对方用手来接或用手握着的物品，或是找一件必须让对方放开交叉的双臂才能做的事情，以此迫使他们改变姿势。譬如，如果你在演讲中遇到这种情况，就给听众来次简单的笔头测试；如果你在推销中遇到这种情况，那就把手里的宣传资料给对方一份；如果你在谈判中遇到这种情况，那就把一杯水递到对方面前，等等。

稍微留意一下，你可以在很多人身上发现这种颇有排斥意味的合抱姿势。如果你发现自己也做出了这样动作，那么，不妨调整一下双手的位置，试试垂下双臂，换成手握手的姿势，或者靠在门边，尽力站直，这一点小小改变可以让你感到放松，并且感觉更加自信。

7. 不经意地十指交叉透露他正沮丧

十指交叉也是常见的姿势之一。

十指交叉举在面前，面带微笑，或者十指交叉平放在桌面上，这种动作常见于发言人正处于心平气和或娓娓叙谈的时候。乍一看，似乎采用十指交叉的动作表明很自信，但有时并非如此。经过心理学家的研究发现：摆出十指交叉姿势的人很可能内心动荡，正陷入一种不安的心理状况，他努力用手指环环相扣的方式掩饰自己的沮丧态度。

千万不要误认为十指交叉是很自满的意思。事实恰恰相反，将十指交叉，遮住一半面部，一般都是在隐藏自己的感觉。当然，这种动作也表示对抗的情绪，表示他对你所说的东西不感兴趣。而如果他忽然把手松开，配合着上身前倾，这说明他想发表自己的观点，或者想离开，却又碍于面子，不好表达。十指交叉有时还表示焦虑、紧张不安的情绪。

某个警察局破获了一个重大的连环杀人案件。犯罪嫌疑人被抓以后，审讯成了一件十分棘手的事情，因为那是一个极其聪明而且反侦查能力很强的男人。男人的态度非常配合，但就是不说实话。问口供的人都是极有经验的老警察，虽然知道男人说的话是非常明显的假话，但却拿他没有丝毫办法，因为他的谎言滴水不漏，无论如何都发现不了破绽，也无法确认他的话哪句是真，哪句是假。

这种状态僵持了数天之久，大家都无能为力。这时，一个曾经学过心理学的同行提供了一个方法。再次审讯时，问询人员专门在问询室安排了一名摄像师，然后开始向犯罪嫌疑人提出各种各样的问题。审讯结束后，通过反复看审讯过程的录像，他们发现在回答提问的问题时，犯罪嫌疑人的手势有明显的改变。比如，在回答一部分问题时，他的双手会比较自然地放在腿上，而且会一动不动；而回答另外一部分问题时，尽管他的眼神依然会十分镇定真诚，回答的内容也挑不出任何毛病，但他的双手却在不自觉中做十指交叉的动作，而且不断用一只手的拇指轻轻摩擦另一只手的手背。以此为线索，警察很快就发现了更多漏洞，最终将这个罪大恶极的家伙绳之以法。

上述案例中犯罪嫌疑人的十指交叉的动作是帮助警察找到对方谎话漏洞的重要工具。一般来说，做出十指交叉手势，手的位置的高低似乎与消极情绪的强弱有关。有的人将十指交叉的双手放在膝上，也有的人在站立时将十指交叉的双手放在腹前。就交往的经验而言，高位十指交叉比中位十指交叉显得更高深莫测。正像所有表示消极情绪的姿势一样，要想让使用这个姿势的人打开紧紧交叉的十指，都需要用某种努力来完成，否则，对方的不安和消极情绪是无法改变的。

比如，十指交叉，但自然放置，多传达出说话者比较自信的信号。使用这种手势时，人们往往会神情坦然并且面带微笑。英国的伊丽莎白女王在出席皇室访问以及参加公众活动时，就经常使用这个手势，在做这个动作时，微笑的女王常常会把双手优雅地放在膝盖上。

十指交叉时双手紧握的姿势，常常是拘谨、焦虑、消极、否定等心理的外现。由此可知，当在谈判过程中某人使用了该手势，则证明该人已经有了挫败感，连他自己也认为自己的话缺乏说服力，开始自我否定。

十指交叉，自然放于身体胸腹之间是一种传达“拒绝”心理的手势，也在一定程度上意味着挫败感。如果在交谈过程中，对方出现了这种手势，那么进一步沟通就会相对困难。这时候，如果你希望交谈进行下去，就要立刻采取一些行动，解开对方那些缠绕在一起的手指。比如给他一杯饮料或其他需要用手握住的东西。不然的话，他交叉于胸腹部的双手会像交叉于胸前的双臂一样，将你所有的观点和想法全都拒之门外。

十指交叉放于大腿，两拇指尖相顶的姿势表示说话者不知如何是好，也就是当下的情境或话题让他感觉进退两难。如果遇到这种手势，仔细去观察一下，伴随着这个动作，对方往往还会有放缓语速，甚至咬下唇的动作出现。

十指交叉，一手拇指向上伸直，或者是两手拇指都向上伸直，拇指尖不顶在一起，这个动作的含意是："我很自信，我对自己所说的话十分有信心，对我们所谈的事情也给予十分积极的态度。"

十指交叉，眼睛盯着对方是一种忍耐之态，多表示该人正在努力压制自己的不满或反感之心。

十指交叉，交叉的双手被置于脸前时，是很明显的"敌意"动作。该动作表示对对方已经心存不信任等消极情绪，不希望谈话再进行下去。

关于十指交叉时，两手拇指的交叉顺序，也有人给出了有趣的解读，比如，两手交叉右手拇指在上的人多是理性的、现实的、积极的、控制欲强的人。左手拇指在上的人性格往往是直觉型的、幻想型的、协调型的、从属型的人。

8. 摩擦手指可能是紧张

摩擦手指可能是紧张。

摩擦手指的动作体现的是一种拘谨、焦虑的心理，或是一种消极、否定的态度。

人们通常会用揉搓拇指和食指指尖的动作来暗指金钱，或是表达索取金钱的意愿，因为，这一动作与用手指指尖摩擦硬币的动作实在是太相似了。那些在大街上叫卖的人经常会一边叫嚷着“看一看了，比商场便宜40%了”，一边揉搓自己的拇指和食指的指尖。当某人向其朋友借钱时，也常常会在说“能不能借我50元”的同时，向身边的朋友做出这一动作。

用一只手的手指摩擦另一只手的动作大多数时候表现出的是一种负面心理。当处于怀疑或压力状态下时，人们多会在这个动作的基础上用一只手的手指(通常是拇指)去摩擦另一只手的手掌。按照心理学的说法，这种自我接触会产生一种安慰大脑的功效，因此，它揭露了做动作的人内心的焦虑不安和复杂多变的心理活动。

举起的双手如果握在了一起，即使做此动作者面带微笑，也难以掩饰其心中的失落与挫败感。美国谈判专家尼伦伯格曾经针对这一动作开展过专项研究。其结果显示，如果有人在谈判中使用了该动作，则表示此人已经有了挫败感。这意味着在他的心中，焦虑与消极的观点开始蔓延。

一位年轻漂亮的女士和一位男士吃饭。女士什么都吃，而瘦点儿的男士皱着眉头，举着双筷子将盘子里的菜翻来拨去，看来食物有点儿不太合胃口。看到瘦点儿的男士一直不怎么吃东西，女士有点儿不开心，她轻声开

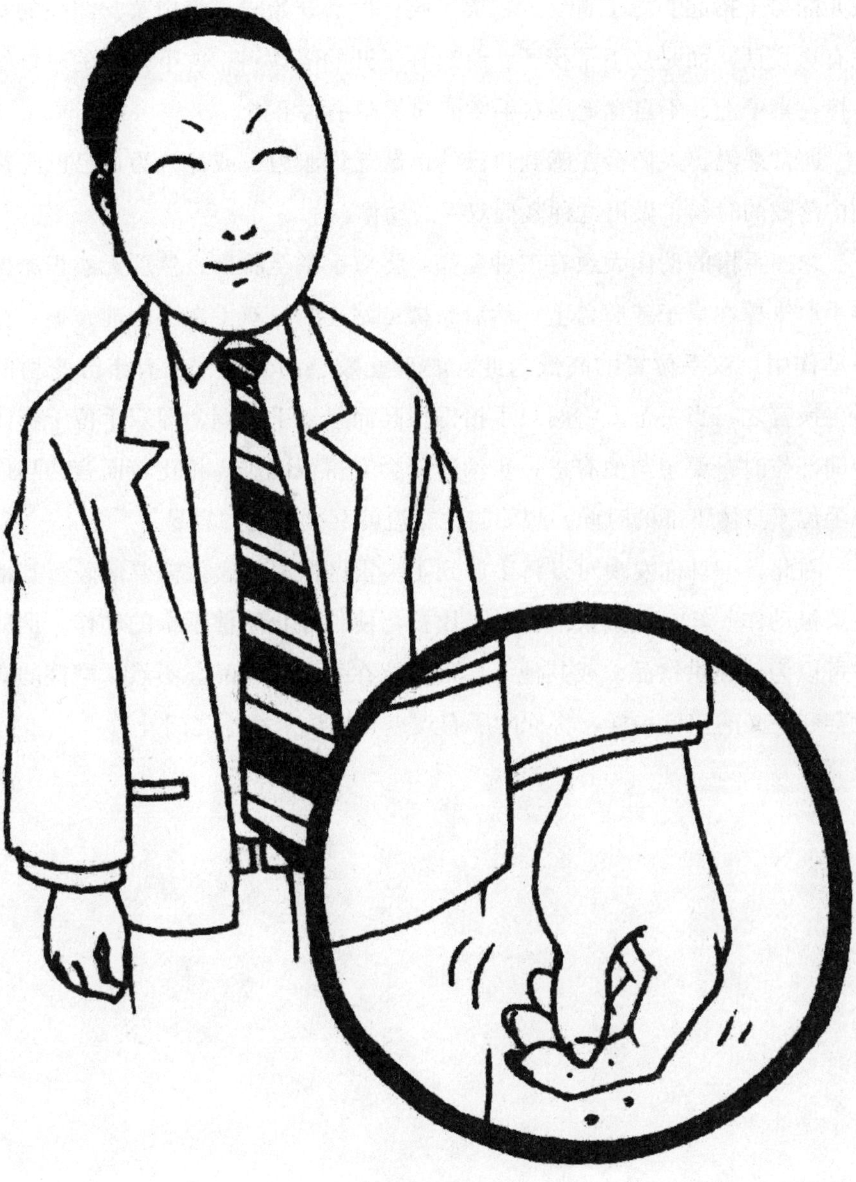

摩擦手指可能
是紧张

导男人说："这么大的人了还挑食，要营养均衡才行啊。"连说了三遍，瘦点儿的男士抬起头看了看女人，笑了笑，然后开始吃一盘肉菜，漂亮的女士没有再说话，而是放下了筷子，拿起杯子开始喝饮料，放下杯子的时候她双手撑在桌子上，不自觉地用右手摩擦起了左手的手指。

通常来说，人们会在感到自己的话缺乏说服力，或是认为自己已经在谈判中落败的时候，做出这种紧握双手的动作。

摩擦手指的动作大致有三种姿势：将双手举至脸部，然后无意识摩擦；将手肘支撑在桌子或膝盖上，然后摩擦；站立时，双手在小腹前摩擦。在这一动作中，双手位置的高低与此人心理挫败感的强烈程度有十分密切的关系。换言之，当一个人将两只手抬得很高而且双手紧握，即双手位于身体的中间部位时，要想与他有进一步沟通就会变得很困难。相比较而言，当他的双手位于身体下部的时候，想要与他交流就会显得更加容易。

因此，一旦你发现对方将手放到了"雷区"之中，就需要像破解其他那些消极动作一样，立刻采取行动，用技巧使他停止摩擦手指的动作。例如，你可以为他提供饮品，或其他一些可以握在手里的物品。不然，摩擦的双手就会和交叉的双臂一样，将你的所有观点和想法全都拒之门外。

9. 托盘式姿势暗示不耐烦或者倾慕

托盘式姿势暗示不耐烦。

学会解读双手的肢体语言不仅会让人显得更加自信，而且还能够增强自身的成就感，赢取更多的胜利。

当一个人做出竖起食指、挨着脸颊、把大拇指抵在下巴上这种托盘式姿势时，你可能误以为他正在思考你刚刚说的话，但调查案例表明，更多情况下，这个动作的真实含意是表示对方对你的话或行为开始感到厌倦。如果此时仍滔滔不绝，对方可能还会用食指摩擦眼睛，这意味着，如果你再说下去，对方可能会睡着，也可能会突然起身离去。

手托腮时，如果食指和中指紧贴脸颊，说明他正对别人的发言进行深入思考。但是如果手腕处托着下巴，则说明这个人对会议或别人的发言漠不关心或是毫无兴趣。对方的潜台词是：“我的时间很宝贵，我们的谈话时间太长了。”

有时为了变换这种单一的动作，对方可能会加入别的小动作，比如，手在桌子上无意义地摆弄滑动，或伸进口袋里摆弄钥匙等物品。这时，你可以这么做：如果你手里有文件，最好把它递给上司，巧妙地让上司改变姿势，他的态度也会随之改变。更重要的是，迅速想想今天的谈话重点，把没说的赶快说出来，加快语速，让上司明白，你正为缩短谈话时间而努力。

当然，这并不绝对，有时，这种托盘式姿势也暗示着正在宣扬自己的权威与心情。如在向心仪的对象表达爱意时，这一姿势还能发挥积极的正面效应。使用这一姿势的多为女性，她们通常借此来吸引心仪男性的注意力。

有一对男女面对面坐着聊天，男士正在侃侃而谈，女士将一只手搭在另一只手上，双手撑住下巴，微微抬头将脸迎向对方，此时她的表情一定是满眼崇拜，而女士的这一表情会极大地助长男士的自信，因为这一动作配以崇拜的表情，要表达的意思是："你好厉害，我好崇拜你！你是我见过的最博学多识的人！" 在这里，女士做出的动作，就是一个常见的恭维对方的托盘式动作。女士认真倾听着男士的侃侃而谈并且做出托盘式姿势，该动作的含意可能有三种情况：第一，女士被男士的学识和口才所征服，不由自主做出象征仰慕的托盘式姿势，此时该动作是完全自发的，是人在感情的驱使下自然地做出的一个动作，很多人在倾听有才华的异性讲话时都会做出这种动作，这表示动作者将听对方说话作为一种身心的享受。第二，女士被男士的外貌所吸引，在这种情况下，女士因为陶醉于欣赏男士俊颜的情境中而自发做出托盘式姿势。此时女士的心思并未在双方的交流情境中，她可能并未听进去对方在讲什么，只是以口头的"嗯啊"随意应付，这是我们生活中常见的典型的"花痴女"。第三，女士对男士倾慕已久，所以她想主动传递给对方她的好感和倾慕之意。这时她的托盘式姿势是有意识做出的，这个姿势会让女人看起来更妩媚更温柔，而且表意更明确。这种情形就好像是女性将自己的脸当成一件精美的工艺品展示给对方。

仔细观察我们就会发现，做出托盘式姿势的人多为女性，这个动作被认为是女性意味比较强的动作，男士做出这个动作会有失男性的阳刚之气。

有很多销售培训师认为，如果女性有和男性同样的压力承受能力，女性将会比男性更适合做销售，原因是女性有很多巧妙的传情达意的小动作。例如，当一个女性推销员在认真地推销某产品时，她眼中流露出的诚恳更容易让人相信；当一个女士做出托盘式姿势时，坐在她对面的人就会很容易接受她的敬佩恭维之意，而且男士的控制欲往往很强，在看到对面的女士做出表示仰慕和恭维的托盘式姿势时，男士就会认为自己征服了面前的女士，因而信心大增。

除了前面所讲的倾慕之意，托盘式姿势还不可避免地会传达出讨好恭维之意。因为托盘式姿势是认真倾听者不由自主会做出的一个动作，当演讲者看到听众做出托盘式姿势时，他接收到的信息是："他对我的讲话很认同很感兴趣……他甚至在思考……"而实际上，做这个姿势的人也许并不是在认真倾听，也不是十分认同对方的观点，他的这个姿势只是为了讨好、恭维对方。

既然托盘式姿势能表现对异性的倾慕之意、对朋友或者领导的讨好恭维之意，那么，我们应当学会合理运用这个肢体动作，让它为我们的人际交往的助力。当我们在做出托盘式姿势时，我们可以将这个动作和我们丰富的表情配合起来，千万不要成为一个只会做动作，不会传达感情的木偶。当我们想讨好和恭维对方时，我们就应该在表示仰慕的同时，配合鼓掌称好，这样才更能显示你对对方的诚意，对方也更容易对你产生好感。

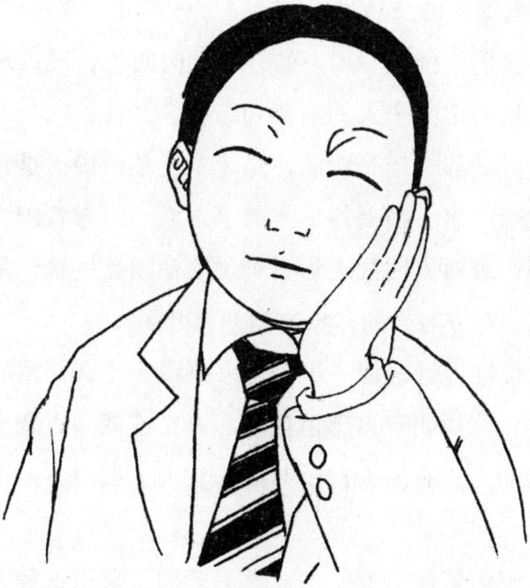

托盘式姿势
暗示不耐烦

10. 握手的轻重证明对你的重视程度

握手最早发生在人类“刀耕火种”的年代。那时，在狩猎或战争时，人们手上经常拿着石块或棍棒等武器。他们遇见陌生人时，如果大家都无恶意，就要放下手中的东西，相互抚摩一下掌心。这种习惯逐渐演变成今天的“握手”礼节。

与陌生人初次见面，为了给对方留下一个好的印象，人们大都会重视着装和微笑，但据调查指出，握手能够对人的第一印象起决定作用，因为人类能够对来自内在或者外在的刺激做出更强烈更敏锐的反应。握手已经是现在最通行的见面礼节，是表现友好的一种方式。所以，想在初次见面留给他人良好的印象，就要学会与人握手的技巧。

在注重礼节的社会，握手的位置、用力的轻重、时间的长短以及是否用目光注视对方等，都可以反映出一个人的修养和态度。并且，从与对方握手的一瞬间就可以感到，对方是热情还是冷淡，是谦恭还是傲慢，是自信还是自卑，是真心实意还是敷衍了事。当握住他人的手之后，对方若用力回握，则说明他具有好动的性格；若对方回握乏力，则说明他缺乏气魄，是个个性懦弱者。在握手的一瞬间，对方对你的印象之门便打开了。

有的人握手常常是象征性地轻轻握一下，这多是没有什么交情的握手；有的人握手握很长的时间，这说明双方感情比较深厚，或者一方恋恋不舍，这种人往往是比较重感情的人；有的人握手时则喜欢大力握对方的手，这种人多是独断专行的人。

握手时使大力主要体现为紧抓对方手掌，大力紧握。采用这种握手方式的人一般精力充沛、自信心强，但为人比较专断、独裁。他们往往有一定的组织力及领导才能，是那种天生的领袖人物。但他们常常独断专行，不愿接受他人的意见或建议，也不愿按照别人的想法实施工作。他们只想遵照自己的意愿行动，也希望别人遵照他们的意愿去行动，否则他们会很不高兴。因此，当我们在与人握手遭遇这样的情形时，我们便可知道对方肯定是个有领导才能但做事比较独断专行的人。碰到这样的人，我们应不卑不亢地对待，既不能让他平白无故地凌驾于我们之上，也不要无故地冲撞他们。

一次，李先生遇上了一种非常尴尬的情况，别人替他向另外一位女士做介绍。介绍完毕后，李先生一下就把自己的手首先伸出去要和对方握手。没想到这位女士端架子，不理他。李先生的手撤不回来了，只好在那儿硬撑着，足足有二三十秒。后来他只好假装头痒，伸手去挠后脑勺。一般情况下，握手握一下即可，不要太用力；男士与女士握手，用力要轻一些，一般应握女士的手指，时间要短一些，切忌握住不放；女士若不打算与向自己首先问候的人握手，可欠身致意，或点头微笑，不要置之不理，或扭身而去；数人相见，握手时间应大体相等，不要给人以厚此薄彼的感觉。

握手得体、有力往往代表着善于社交、友善和支配能力强。美国爱荷华大学的研究人员对 100 名学生进行了模拟求职面试，在求职前和求职后，这些学生分别与 5 位人际关系研究学家握手，专家分别给学生打“握手分”。结果发现，握手有力的求职者受雇的成功率远远大于握手无力的求职者。值得注意的是，握手时正视对方，注意出手体面且握手力度，对于女性求职者的帮助更大。

握手无力会给人留下性格内向、害羞和神经质等不佳印象。不论对男人还是对女人来说，都不利于给别人留下深刻印象。

除此之外，握手应讲究先后次序，特别是出席较大聚会时，一定要严格遵循“先年长者后年幼者，先长辈后晚辈，先老师后学生，先女士后男士，先已婚者后未婚者，先上级后下级”的握手顺序。这种“尊者决定”的原则，既是为了恰到好处地体现对位尊者的尊重，也是为了维护在握手之后的寒暄应酬中位尊者的自尊。因为握手往往意味着进一步交往的开始，如果位尊者不想与位卑者深交，他大可不必伸手与之相握。

握手的标准方式，是行礼时行至距握手对象约1米处，双腿立正，上身略向前倾，伸出右手，四指并拢，拇指张开与对方相握。握手时应用力适度，上下稍许晃动三至四次，随后松开手，恢复原状。

另外，在宴会等多人聚集的场合，能够很轻松自如地和陌生人握手的人，具有旺盛的自我表现欲。如果你希望在宴会上多认识朋友，给大家留下美好且深刻的印象，那么就表现出你的洒脱来。

11. 轻擦手掌微点头表示肯定

轻擦手掌这个动作大部分人从小时候就开始做了，当小孩子感到高兴，准备去拿礼物时，常会不经意间搓搓小手掌。在成人间，如果某人突然受到了奖励或者挑战，也常常会搓搓手。科学家称，轻擦手掌最常见的心理密码就是：对某些事物抱有期待，而且这种期待是饱含自信的。这个动作的另一个含意是紧张不安，如那些初次登台演讲的人，他们不知所措，也常会轻擦手掌。人们常常会用轻擦手掌的动作来表达对某一事物的期待之情。此外，人们轻擦手掌的速度还暗示了他们认为谁会成为某次会谈的受益者。比方说，你想买套房子，当你陈述完购房要求之后，房产经纪人一边快速地轻擦手掌，一边说："太好了，我手头就有一套你想要的房子！"在这里，房产经纪人希望通过这一动作让你知道你将会是这笔买卖中的受益者。试想一下，如果反过来理解，当他在说这句话的时候，他轻擦手掌的速度十分缓慢，你的感觉会怎样呢？你很可能会觉得他隐瞒了一些事情，所以有些闪烁其词，甚至会觉得他希望此次交易的受益者是他自己，而不是你。

有个社会心理学教授做过一个实验，他让学生互相访谈，在访谈过程中要求一半学生将手放在桌子下面，而另一半学生将手放在明显的地方而且轻擦手掌，并配合微微点头的动作。访谈结束后，专家发现，将手放在桌子下面的人给人的印象都不太好。他们被认为戒备心强，甚至说话虚伪。而另一半将手放在桌子上且轻擦手掌的人则被认为真诚大方，说的话也具有较强的真诚度。

点头表示认可，再配合轻擦手掌的动作，会强化认可的程度。而且轻擦手掌时，一般会有一只手的手心向上，这种动作一般表示和善、顺从。在日常交往中，人们手心向上，也是想告诉对方“我对你是坦诚的”“我的手里没有武器，对你没有敌意”。手心向上的姿势还常用于邀请某人就座或者上台演讲，这时，伸出一只手，手心向上，指向目标地点，对方便可明白你的意思。

特定的手掌姿势代表了不同的意思，我们可以通过主动控制自己的手掌姿势来养成真诚、友善的说话习惯。

兰心在一家公关公司工作，虽然兰心的工作能力在公司同事中处于中上水平，但是兰心觉得自己还有很大的提高空间，于是她找了一位著名的社交礼仪顾问来纠正她的行为动作，通过和社交礼仪顾问的几次交谈，让社交礼仪顾问逐一指出她的问题。而社交礼仪顾问在第一次交谈之后就指出，兰心在交谈时不够真诚，明显表现出焦虑。表现就是她一直将双手紧握，或者将十指交叉握在一起。社交礼仪顾问建议，如果对别人所说的话感到满意，不妨微微点头，轻擦手掌，而且最好改掉紧握双手的习惯。根据社交礼仪顾问的建议，调整了自己的手部动作后，兰心的工作果然更加顺风顺水，不仅老客户更加愿意和她联系，新客户见过一两次之后也常常能与兰心成为很好的朋友。

一些职业辅导人员都会教给销售人员一个简单的促销方法：在向准顾客描述产品或介绍服务的时候，最好能配合以轻擦手掌的动作，而且速度一定要快，以免引发准顾客的防备心理。如果顾客一边快速地摩擦双手手掌，一边说：“让我看看你有什么！”那么，这就表示他希望能够看到一些令他满意的好商品，而他的购买意愿也很强烈。

对于职场中人来说，如果是男上司，在与下属谈话时碰到感兴趣的问题，或对下属的意见表示赞同，他会轻轻对搓双手，这种动作在推销员和客户间也常见。如果眼前的推销员做了这个动作，说明他对这笔交易很满意，他才是最大受益人。而女上司，尤其是年轻女上司，表达赞同的方式则是频繁点头，示意她对建议非常满意。上司轻擦手掌和微点头的潜台词是：“很好，继续说。”那么，你可以这么做：有意放慢语速，斟酌自己的用词。因为上司这么做，是对你工作的肯定，但这只是第一步，这时最重要是保持谦和态度。如果你得意忘形，在接下来的谈话中夸夸其谈，反而会给上司留下办事不牢靠的印象。

12. 先凝视再握手想展现自身优势

一面同对方握手，一面注视对方面孔的人，在心理上有着较强的优势，是一种不大容易妥协的人。如果这个人在握手的时候，坚持目不转睛地注视着对方，则他的目的可能是要使对方在心理上居于下风。

如果是女性，这种一边握手，一边注视的风格，则表明她有意引起对方注意，以获取对方对自己的好感。对于其他长期从事接待、交际工作的人来说，这种握手方式则表示自己能力强、有自主意识。

过长时间凝视对方，或者无力握住对方手的人，性格较脆弱，依赖感强；握手时绵软无力，则表示缺乏坚强的个性，遇事优柔寡断。绵软地与人握手，表现为一种标准的中国风格——后发制人，遇事让三分；先静后动，以退为进。当然，也可以做出这样的判断：在他们的内心深处，有一种较为明确的自我规范。

当外在的人或事物冲击了这种自我规范的界限，他们便认为这是一种冒犯行为，就会产生强烈反应，进行猛烈反攻，甚至恶狠狠地报复。但是，不能认为他们的主动意识是弱的，我们要看到，他们的进攻性的主动行为是弱的，而和平性的主动行为并不弱。这种和平性并不一定表现为热情，因为外化出来的热情，往往是一种主动性的进攻行为。

怎样注视才是最有积极效果的呢？正确的方式是微笑着看对方的眼睛，保持 6 ～ 7 秒，然后微笑着移开眼神。时间不要太长，也不要草草了事。微笑着注视对方的人更能给人留下好印象。英国研究人员发现，人们通常会认为那些微笑着注视别人的人更具有魅力。

曾经有一个心理学家做了一个测试，他要求志愿者评价呈现在电脑屏幕上的两张人脸图片哪个更有魅力。为了消除人脸的物理特征对志愿者偏好的影响，每次呈现的两张图片都是同一个人的照片，只是面部表情或者眼睛的注视方向不同。实验结果发现，志愿者认为那些微笑的脸更有魅力，并且那些注视着志愿者尤其是异性志愿者的脸比注视着其他方向的脸具有更高的“魅力指数”。这说明人们很注重她(他)的眼睛注视的方向，伴随着微笑而注视对方，给人的感觉是融洽和和谐；伴随着皱眉而注视他人，给人的感觉是担忧和不安。

如果感觉到害羞或紧张，也不要刻意躲避对方的视线。目光交流不仅可以相互交换信息、传达彼此的看法，更重要的是能建立起相互之间的信任和理解。注视中，这种“看与被看”的关系非常微妙。一般来说，在双方对视时，较弱小的一方会先将目光垂下，而让比自己强的对方来观察自己，发现自己的弱点，这样一来，逃避目光者就陷入了一种不利的地位。他们之所以会因被看而感到不自在，就是因为他们对自己的劣势感到不安。

同样，在双方见面时，如果因为胆怯而低下头，那就等于将支配权让给了对方。这可能会让对方轻易地获得控制权，也可能让对方无所适从，不知道你的想法。要建立彼此对等的关系，绝对不能回避对方的目光。从对视中，我们可以看出谁是弱势的一方——两人对视，一人回避对方目光。如果你想表现强硬，你也可以直视对方的眼睛。但是，交谈时也不能一直盯着对方的眼睛，那会让人产生压力。

某公司在迁移到一座新建的硬件设施都很好的大厦办公后，员工的工作效率反而降低了，经营者百思不得其解。后来管理者经过调查发现，原来问题出在那些为了增加采光而设计的宽大的玻璃窗上。由于外面的情形被一览无余，里面的工作人员觉得外边的人在一直盯着自己看，内心的不安全感造成了工作效率的低下。结果，这家公司只好用百叶窗遮住外面纷扰的情形，以维持员工的工作效率。

如果我们用自信和不自信来简单地进行区分的话，则可能将上述情况理解为缺乏自信。过长时间注视有可能是自信过头，过分殷勤地同对方握手，则表现出这个人目的性很强，会奉承巴结人。如果用专注的神情一再同对方握手，表明这个人怀有某种目的，因为握手不过是一种礼节性接触，过分看重这种接触，那就是弦外有音了。

13. 肩膀紧缩可能是生气了

肩膀紧缩，可能是生气了。

肩部往往成为很多人身体语言的“盲区”。肩部所表达的语言含意虽然不多，但如果在商务交往中不在意它，也许会给对方“意外的伤害”。

肩部舒展，说明有决心和责任感。商务交往中，这种肩部姿态无疑是对方非常希望看到的。肩部耷拉说明心情沉重，感到压抑。肩部收缩，说明他正在生气，随时可能爆发。

如果从生理学的角度来看，肩膀起着连接作用。为保证胳臂既能够运动自如又具有一定力量，肩膀必须在韧性与力量间寻求一个平衡。若是从肢体语言的角度来看，肩膀可以起扩大或缩小身体范围的作用，同时也可以表达威严、惊恐、依赖、攻击、胆怯、失落等其他很多含意。

古人对肩部动作也有观察，常用的词是“鸢肩”。鸢，通俗来说就是老鹰。鸢肩——也就是老鹰常见的姿势——耸着肩膀。鸢肩豺目是指一个人阴险狡猾，鸢肩鹄颈是指一个人伏案苦思的样子，而鸢肩羔膝是用来形容一个人的卑微之态。乍看之下，似乎有矛盾。但实际上是准确的：如果常耸着肩膀且眼光凶狠，则耸肩膀的含意有炫耀成分；坐在桌边思考时，人们常以手支头，那时肩部是耸的；而耸肩膀与弯着膝盖用在一起则说明，此人处于惊恐不安状态。

肩膀对于男性来说，既是力量的象征，也和男性尊严地位紧密相连，所以男性肩膀以宽厚为美。肩膀也常反映出一个人的状态。当一个人满腔愤怒时，会将双肩往后缩，缩肩的动作仿佛给身体拧紧了发条，随时准备将身体弹射出去，而与此相对应的是，如果对方使劲张开双臂，舒展肩膀，则代表希望振作精神、准备开始大干一场；当自感负担太重时，人往往会无意识地将双肩向前挺出，似乎在暗示肩部不堪重负。

肩部同时也可反映人们之间的亲疏程度。带有敌意的两个人，也常用肩部“说话”，即故意用肩部去撞击对方的肩部，这意味着挑衅，因为这个动作侵犯了对方的身体空间；而如果对对方有警惕之心或不想正面回应对方的逼人姿态，人们也可能采取侧肩姿势。

肩膀紧缩，可能是生气了

14. 反复摩擦大腿说明很有压力

自我触摸常常被人们用在情绪高涨的时候以使自己获得安慰，通过触摸鼻子、耳朵、嘴唇、手臂或者大腿来减轻或者释放内心的压力。这些姿势包括抿嘴、摩擦双手、摩擦大腿等等。人们使用这些有用的姿势来强调对话之间的停顿，或者来告诉他人自己现在的情绪状态。

小罗去应聘一个海外公司的高级职位，公司面试官安排了一次面试。在面试进行的过程中，小罗的双臂和双腿始终保持互相交叉的姿势，不时有微微摩擦的动作，好像正在仔细思考应该回答的内容。见多识广的面试官注意到他摩擦的动作幅度较大，频率较快，虽然是断断续续，但似乎是在暗示他对自己所说的话并没有自信。精明的面试官仔细看了看小罗的眼神，发现他的眼神游离不定，很明显在他心里怀有某种隐忧。最终小罗没有被录取，原因是他的肢体语言与他嘴上所表达的信息自相矛盾。事后，面试官出于好奇心，与小罗的原工作单位取得了联系，结果发现，他捏造了虚假的工作经历。

紧张时我们会不自觉地将双手放在大腿上来回摩擦，试图平复自己的情绪，有时候我们可能会发现对方动作快速，决定很果断，但这通常是假象，快速摩擦双腿恰恰是为了掩饰自卑，真正有自信的人会深思熟虑，而不是不假思索就做出决定，急着展现自己的信心。

罗丹的雕塑《思想者》展示了思想者陷入沉思的姿态，然而身体的姿势和支撑着头部的手，却刻画出思想者沮丧的一面。在一些影视作品里，我们经常能看到人物因为紧张而摩擦双腿的动作，但因为这个动作太过明显，除非动作人本身非常局促，会无意识地做出这个动作，一般人可能都不会有这样的动作。

当一个人紧张时，他可能会下意识地把手放在腿部，或者双手插在并拢的双腿间，这会让无所适从的双手找到一个可以放的位置，同时腿部的温度足以让双手和大脑同时感到放松。

如果你发现与自己谈话的人做出这样的动作，不妨尝试说个笑话或者转换一个话题，帮助对方缓解紧张情绪，如果对方是站着的，请提供一个座位让他坐下，如果对方是坐着的，可以尝试离开自己的座位，找一个位置坐到他的附近，并顺便提供一杯水。这样会让紧张的人感到自己正在受到照顾，并且认为你并没有那么咄咄逼人，从而放松地与你交谈。

15. 重复触摸脖子可能正在撒谎

当一个人讲话时老是忍不住重复地触摸自己的脖子，那么你有理由怀疑他可能隐瞒了一些事情，他可能正在对你撒谎。

为什么摸脖子会与撒谎或者讨厌的人或事扯上关系呢？这是因为当一个人觉得某个人很讨厌时，脖子后面微小的肌肉组织就会收缩，在皮肤表面凸现一个小隆起——我们经常将之称为鸡皮疙瘩。这种身体上的反应是从远古时代延续下来的。人类的祖先古猿浑身都有着浓密的毛发帮助御寒，在感受到危险临近或者极其愤怒时，脖子后面的肌肉便会收缩，从而使毛发竖立起来。现在，我们在狗的身上也能见到这种反应，当一只狗被另一只怀有敌意的狗激怒时，它脖子后面的毛就会竖起来。对于我们人类来说，沮丧和恐惧都会让脖子后面隆起一片鸡皮疙瘩，让我们有刺痒的感觉。所以，我们只能用手抓挠那块区域，以消除身体的不适。

香港“艳照门”事件发生后，当事女主角在接受某记者采访时，曾声泪俱下，对自己的过错大包大揽，说自己“都没埋怨过任何一个人”“不可以将错误推卸到别人身上”。的确如此吗？细心的观众会发现，在这位女演员说话的时候，她不经意地扭动了身体，并几次用手轻轻触摸自己的脖子，看起来就像在撩动后面的头发一样，动作细微，但泄露了天机——连她自己都不能完全相信她说出的话。

当人们抚摩或者按摩脖子时，可以有效缓解不适感，研究表明，这是使用最频繁的安慰行为之一。原因是我们的颈部有许多神经末梢，只要稍加按摩，就可以有效降低血压与心跳速度，消除紧张。另外，按摩额头或摸耳垂，也都是一般人紧张时会出现的动作。男生拉扯领带，或是女生玩弄颈上的项链，也代表同样的意思。

很多人经常使用这种方法缓解压力。有人会用手指抚摩或按摩脖子后面的区域，有人会按摩脖子两侧或下巴正下方喉结上方的部位。在说话时不停地用手摸脖子，这个小动作也是用来掩饰说谎行为的。有人对摸脖子的行为做了细致观察，如果每次都用右手的食指挠耳垂下边的颈部，并且挠颈的次数通常都在 5 次以上，这种动作代表了怀疑或不能确定的意思，即说话者也许正在想“我无法确定自己说的话是否是百分之百正确的”。

对于打领带的男性而言，有时触摸颈部的动作会演变为拉扯领带或者衣领。撒谎会使敏感的面部与颈部神经组织产生刺痒的感觉，于是人们不得不通过摩擦或者抓挠的动作消除这种不适。这不仅能解释为什么人们在疑惑的时候会抓挠脖子，还能解释为什么撒谎者在担心谎言被识破时，就会频频拉拽衣领。这是因为撒谎者一旦感觉到了听话人的怀疑态度，血压就会升高，脖子就会不断冒汗。

当一个人感到愤怒或者遭遇挫败的时候，也会用力将衣领拽离自己的脖子，好让凉爽的空气传进衣服里，冷却心头的火气。当你看到有人做这个动作时，你不妨对他说：“麻烦你再说一遍，好吗？”或者“请你有话就直说吧，行吗？”这样的话会让这个企图撒谎的人露出马脚。

16. 拧毛巾的动作有态度暗示

你或许不知道，我们每天所做的一个动作——拧毛巾，都会体现出一个人的性格特点和做事态度。这个细微的动作一般我们是不会觉察出什么的，然而，通过这样的一个小细节那些善于观察的人就能看透我们的心思。其实，拧毛巾的动作就如我们的习惯一样，是不经意间的，是不需要任何伪装就做出来的。正因为如此，拧毛巾的动作体现着我们的不同思想。

拧毛巾时，喜欢右手心朝上的人，性格多半都很热情，但同时脾气也会有些暴躁，一句话不对，就会黑脸，在对待一些事情时，总是以自我为本位来考虑问题。这种人在谈恋爱时，会倾向于以自己的情感为中心，喜怒无常，喜欢富有变化的安排。如果他的恋情遭遇到周围人的反对，并不会因此而心冷，反而会因为阻力而更加热诚。如果做这个动作的人是女性，她会比较喜欢比自己大些的男士。

拧毛巾时，喜欢左手心朝上的人富有较强的交际能力，不喜欢安静地独自在家。社交中，这类人性情爽快，很讨周围人的欢喜。在恋爱方面，也一样会采取很干脆的态度，不会拖泥带水。这类人好奇心较强，有些粗心大意、丢三落四，但态度积极乐观，待人做事容易往好处想。就算他们失恋、失业了，也不会消极悲观。又由于这类人对一些鸡毛蒜皮的小事情一般都不太在意，因此在恋爱的时候，常会受到异性的喜欢，异性缘非常好。

拧毛巾时，喜欢两手掌都朝下，把毛巾斜着拧的人，尤其是女人，通常都很贤惠。这类人懂得察言观色，适时做出恰当的举动。不该她说话的时候，绝不会插嘴，对于自己的立场，总是分辨得很清楚。做事时，会处处替他人着想。但同时她们的心眼也会特别多，比较喜欢空想，执行力会稍微差一些。

把毛巾竖起来拧的人比较独立，凡事都愿意积极面对。这类人对自己喜欢的事情会毫不吝啬地付出，不太追求回报，即使失败，他也不会感到失望与后悔。相反，还会从中找到令自己难以忘怀的方面，常常独自品味。这类独立型的人，往往会被比他年龄小的异性所喜欢，他自己也容易在较为年轻的异性身上获得满足感。

当你了解了这些不同的拧毛巾的动作之后，一定要在别人拧毛巾的时候多看两眼，以便于在瞬间看透对方的态度。

17. 戴不同的手表揭示不同性格

手表作为人身上最得体的饰物，能传达出主人的个性、气质和品位。

小牛刚刚购得一块名贵手表，戴在手腕上很有派头。老板叫他开会时，为了炫耀他手上的饰物，小牛总是假装不经意地看表，或者用手抚摩下巴而故意把表露出。老板本来准备委派他一项新业务，看到他这些动作，就对他说："看来你今天时间很紧啊，有其他的事情要处理吧，那你出去把小李叫来。"小牛不顾对象身份和场合的动作让老板会错了意，因而也错失了一次好机会。频繁看表或者露出表的动作，一般情况下会让对方觉得你并不想继续谈话，而借一些小动作向他表示心中的烦躁。虽然情境再现中的小牛只是为了炫耀一下新表而已，但这些动作显然让老板感到不满。

不同的戴手表的方式能揭示出人的不同性格。比如，将手表戴在左手内侧的人通常有些怕羞而不敢大胆向对方表示自己的意思，不敢主动追求异性。手表戴在右手外侧的人比较喜欢冒险，而且喜欢做出使别人注意的举动来。不喜欢戴手表的人生性比较大方随便，有时候缺少一种责任感，不戴手表的人，有个共同点就是怕麻烦，讨厌受束缚。

个人喜欢的手表的质地也能反映出主人性格一二。那些喜欢液晶显示型手表的人，在生活中大多比较节俭，知道如何精打细算。他们的思维比较单纯，对各种简捷方便的事物比较热衷，而对于太抽象的概念则难以理解。他们在为人处世方面多持比较认真的态度，不会显得特别随便。

戴古典金表的人，多是具有发展眼光和长远打算的人，他们绝对不会为了眼前一些既得的利益而放弃一些更有发展前途的事业。他们心思缜密，头脑灵活，往往有很好的预见力。他们的思想境界比较高，而且非常成熟，凡事看得清楚透彻。他们有宽容力和忍耐力，又很重义气，能够与家人、朋友同甘共苦、生死与共。他们有坚强的意志力，从来不会轻易向外界的困难和压力低头。

喜欢怀表的人，多对时间具有很好的控制能力，虽然他们每天的生活都是忙忙碌碌的，但他们并不是时间的奴隶，他们懂得如何在有限的时间里让自己放松并且寻找到快乐。他们善于把握和控制自己，适应能力非常强，能够很好地调整自己的心态。他们多有比较强的怀旧心理，乐于收集一些过去的东西。他们言谈举止高雅，表现出一定的文化修养。他们有比较浓厚的浪漫思想，常会制造一些出人意料的惊喜。他们较有耐心，很看重人与人之间的友情。

喜欢戴机械表的人独立意识比较强。他们自给自足，很多事情都坚持一定要自己动手。他们乐于做那些可以马上见到成效的工作，如干一次体力活。他们最看重的是自己所获得的成就感，但在这个过程中，他们又不希望一切都是轻而易举获得的，这样反而没有了意义和价值。他们并不希望得到他人过多的关心和宠爱。

喜欢戴表盘上没有数字的表的人抽象思维能力较强。他们大多不希望别人把什么事情都说得十分明白，他们很在意对一个人智力的锻炼和考验，认为把一切都说得太明白就没有任何意义了。他们很喜欢玩益智游戏，而且他们本身就是相当聪明和智慧的，对一切实际的事物似乎并不是特别在乎。

18. 手提包隐藏性情

手提包隐藏性情。

出门带包已经成了大众的一个生活习惯，不同的包也展示了主人不同的性情。手提包的样式众多，人们可以根据自己的喜好进行选择。一般来说，选择的手提包比较大众化的人，他们的性格也比较大众化，或者是说没有什么特别鲜明的、属于自己的个性。他们在很多时候都是随大溜，大家都这样选择，所以他也这样选择，没有自己的看法，目光和思想比较平庸和狭隘。他们的人生或许多少有所收获，但不会有大的成就和发展。

女性对皮包的喜爱众所周知，而男性对随身携带的包就没有女性那么多的要求了。有些重视细节的男性会挑选包，但他们的基本要求是，包要能体现他们的身份。

选择的手提包多是公文包的人可能是某个企事业单位的领导，如果是普通职员，也是在比较正规的单位。选择公文包可能是出于工作需要，但其中多少也能表现此种人的性格特征。这样的人大多数办事较小心和谨慎，他们一般不苟言笑，对人也相当严厉。当然，他们对自己的要求往往更高。

选择休闲式手提包的人，可以看出他们的工作具有很大的灵活性，自由活动的空间也非常大。正是由于这样的条件，再加上先天的性格，这类人大多很懂得享受生活。他们对生活的态度比较随意，不会过分苛刻地要求自己。他们比较积极和乐观，也有一定程度的进取心，能很好地安排工作、学习和生活，做到劳逸结合，能在比较轻松惬意的环境中把属于自己的事情做好，并取得一定的成就。

选择暗沉颜色手提包的人，其表现欲望并不是很强烈，他们不希望被人注意，以免给自己带来压力。他们凡事多持得过且过的态度，比较懒散。在对待别人方面，他们也喜欢保持相对中立的立场。

喜欢超大型手提包的人，性格多是自由自在、无拘无束的。他们很容易与他人建立某种特殊的关系，但是关系一旦建立以后，也会很容易破裂，这是由他们的性格决定的，因为他们的生活态度太散漫，缺乏必要的责任感。他们自己感觉无所谓，却不是其他所有人都能接受和容忍的。

不习惯带手提包的人，他们的性格要分几种情况来说，一种可能是因为他们比较懒惰，觉得带一个包是一种负担，太麻烦了；还有一种可能是他们的自主意识比较强，希望能够独立，而手提包会在无形当中造成一些障碍。属于这两种情况的人都是把手提包当成一种负担，可以看出这种人的责任心并不是特别强，他们不希望对任何人、任何事负责任。

更多时候，手提包还是人们用来掩饰内心情绪的一个工具，有了这个工具，掩饰情绪的动作就显得更加隐晦，更加不易被人发现。每当出现在公众面前时，英国的安妮公主常常会手捧花束，而在手中拎一个提包或是握一束花，则是英国女王伊丽莎白二世最常见的公众形象之一。尊贵的女王似乎并不需要用手提包来装诸如化妆品、信用卡以及电影票之类随身的物品吧！事实上，手提包不过是她在必要时用来传递信息的一种方式。在某次外出当中，皇室观察者就留意到，当她想步行片刻，或是驻足停留，或起身离开，以及想摆脱眼前某个烦人的家伙时，女王都会通过手提包向随从发出信号，而这样的信号前后共计 12 次。

由此可见，手提包就像是人的一个不可或缺的部分，它是人的思想的延伸、性格的展示。如果你仔细观察形形色色的人拿的各式各样的手提包，你会发现这是一个很有趣味和收获的事情。

手提包隐
藏性情

第五章

姿势语言：坐姿和站姿传递的信息

看起来作用偏少的屁股和看起来承载了身体绝大部分重量的双腿、双脚结成了一个很有趣的组合——泄密二人组。没错，谈到泄密，没有比它们更为不谨慎不小心的了，只要你掌握了一些简单的观察技巧，你就可以仅凭那些看起来非常普通、随意的坐姿和站姿，一眼看穿他人的小心思。

1. 夸张的站姿易让人不适

人们在形容一个人的精神状态非常好时，经常用“坐如钟，站如松”来形容。显然，对站姿的要求，最基本的标准是要在站着时像松树一样挺拔劲秀。

小石是一个投资公司的推广员。他的专业知识非常丰富，对客户的服务也周到而热情，但业绩却不怎么理想。小石很苦恼，不知道原因到底是什么。这天，小石和同事小赵一起去见一位客户。见面后，不免客套一番，小石先问起客户的工作情况。当得知客户是证券分析员时，小石一拍桌子，站起来说道：“太好了，原来您也是做投资的呀，这可是不错的行业。听说最近红火得不得了，排队开个户都要两三天，是吗？那可真是……”小石手舞足蹈地讲完后，同事小赵很明显地感觉到了客户的不满。因为小石的谈话真是太富于激情了，几乎把茶座里所有的目光都吸引了过来。小石接着对客户说：“像您这种月收入过万的白领一族，更有必要为自己做一份投资了……”周围的人听到了，全部在议论证券行业原来是个“金饭碗”。小石也胸有成竹，但没想到客户却脸一沉，打断了谈话：“对不起，我公司还有一个会要开，先失陪了。”客户愤愤不平地走了，因为他再也忍受不了小石高八度的音量和夸张的手势，那根本就不是他们两个人的谈话，而是小石的激情演说，而且他最受不了的就是小石说着说着就站起来，做着夸张的站姿，指着自己的鼻子说话，这让他感觉自己是在接受审讯。客户离开后，小石很沮丧，不知道自己在什么地方出了错。小赵拍拍他的肩膀：“兄弟，下次再见客户的时候，能别指指点点、激情四射地像在演讲吗？”

当你与别人聊天时，你的站姿，比如，如何移动脚步，如何挤眉弄眼，已泄露了你对对方的潜在态度。因为，人以何种方式站立或坐下，对于理解他的身份或他极力声称自己具有的身份来说，是一个不错的指南。

正式的站姿与坐姿要显示出一种中性的态度，不表达任何或去或留的倾向。在异性间的面谈中，女人比男人更常使用这个姿势，直立紧并的双腿传达出“不置可否”的信号。学校的学生在跟老师说话时经常保持立正的姿势，公司的下级跟上级汇报工作、人们见到王室成员或者雇员跟上司交谈时，也常采用这个姿势。

当你坐下时，要尽量避免双腿交叉的姿势。因为双腿交叉的姿势不仅会传达出消极和戒备的情绪，它还会让一个人显得缺乏安全感，并且引发身边的其他人也相应地做出双腿交叉的姿势。

习惯于将双臂和两腿交叉的人，总是将这个动作归因于寒冷，而不愿意承认自己在动作背后隐藏的紧张、焦虑或是戒备心理。也有很多人说，这么做只是因为感觉舒服。这种说法或许是真实的——当一个人缺乏安全感、产生戒备心理时，交叉的双臂和双腿确实会让他感觉舒服，因为这样的动作吻合了他的情绪。但是，在公共场合或是职场中，还是不要用这样的姿势。否则，你会让人感觉很不舒服。

2. 抬头挺胸者通常自视很高

走路是我们最常见的肢体动作，它体现的是人类的动态美，也最能体现一个人的风度和活力。无论在社交场合还是在日常生活中，走路同样有和站姿一样的基本要求，那就是抬头、挺胸、收腹。走路时要目光平视，手臂自然摆动，摆手幅度不要太大，手臂与身体的夹角一般在 100 ～ 150 度，身体不要前后晃动。

走路时抬头挺胸，大踏步向前，充分显示自己的气魄和力量。当然，也会给旁人一种高傲的感觉。这种人凡事都只相信自己，容易主观臆断，对于

自视清高

人际交往比较淡漠，经常孤军奋战。

走路时爱抬头挺胸的人有明显的缺点，表现就是这种人往往爱以自我为中心，淡于人际交往，不轻易投靠和求助于他人，哪怕他们碰到自己根本无法解决的事情也是一样。他们思维敏捷，做事条理性强，考虑问题比较全面。也许不是一件很复杂的事情，但是他们也会为自己拟订一份计划。他们习惯于修整仪容，衣履要整洁，时刻使自己保持完美的形象。无论是逛街还是走亲访友，出门前他们总喜欢在镜子前端详一下自己："头发凌乱吗？""衣服整洁吗？""皮鞋光亮吗？"

走路时爱抬头挺胸的人的最大弱点是羞怯和缺乏坚强的毅力。他们极富组织力和判断力，可惜他们说得多做得少。经常看到他们有很多宏伟的计划，却很难发现他们有成功的事业，加之个性羞涩，难以主动与人交往，时常不能充分发挥自己的能力，于是他们时常有一种"黄金埋土"的感觉。

走路时要想给人一种舒服、自然、优雅的感觉，基本的要求是抬头、挺胸、收腹。竖看要有直立感，即以鼻子为中线，整个身体大体呈直线；横看要有开阔感，即肢体及身段给人以舒展的感觉；侧看要有垂直感，即从耳与颈相接处至脚的踝骨前侧应大体呈直线，给人以一种挺、直、高的美感。

男子走路时身体重心应放在两脚中间，不要偏左或偏右；双脚与肩同宽；手可自然下垂，前后自然摆动，在体前或体后交叉，给人一种风度洒脱、挺拔向上、舒展俊美、精力充沛的感觉；女子走路时，身体重心在两足中间脚弓前端位置，手自然下垂或在腹前交叉，要给人一种秀雅优美、端庄大方的感觉。

需要注意的是，在正式场合，走路时胳臂不要出现过大幅度前后摆动的情况，适度的前后摆动展现了一个人的自信与精神活力，而过度摆动不仅影响周围人的行动，也向他人传递了一种太过张扬的语言信息。双手自然摆在躯干两侧，前后微微摆动，这样出现在非常严肃的社交场合，是对他人的一种基本尊重。如果没那么严肃，可以这种姿势为基础适当调整手脚的动作，但幅度不应该过大，因为它会给人一种狂傲自大、不适交往的感觉。

如果觉得自己的走姿不够标准，你可以采用模特初步训练的方法，在自己的头顶放一本书，然后挺直后背，双臂小幅摆动，步履均匀地往前走，等你训练到顶着一本书能身姿正确地在屋里自由地走来走去时，你的走姿就算过关了。

总而言之，走路昂首挺胸的人，大多比较自信，其自尊心也较强，有时则过于自负，好妄自尊大，还可能有清高、孤傲的成分，凡事只相信自己，处处主观臆断，对于人际交往较为淡漠，经常是孤军奋战，但思维敏捷，做事有条不紊，富有组织能力，能够成就财富事业和完成既定目标，自始至终都能保持完美形象。

3. 走路不疾不徐的人比较淡定

走路不疾不徐的姿势是双足平放，双手自然摆动，不忸怩作态，步态斯文。这些人通常性格温顺，遇事不惊，个别有胆小情况。大部分遇事沉着冷静，不易发怒。偶有一些人缺乏远大理想，对未来不抱什么美好希望。

这类人认为面对任何困难时，最重要的是保持头脑的清醒。不希望被任何带有感情色彩的东西左右自己的判断和分析。因有理性和自控能力而受到别人的尊重，他们对此欣然接受，但不露声色。他们平时做事非常小心，言谈举止都尽量保持温文尔雅，绝对不愿让别人觉得他们粗俗不堪。

走起路来不疾不徐，喜欢平静和一成不变，所以总是原地踏步和维持现状。以这种姿态走路的女人多属于贤妻良母型。而这类型的男人非常稳重，有时也觉得累。为了保持自己的尊严，他们很难在人前笑口常开，这是他们的准则。他们对自己的身体形态进行严格控制，虽然别人敬畏他们，可当他们独处时却感到压抑，因为这种人涉世极深，了解人情冷暖。

这样的人还非常注重别人对自己的评价，他们为了保持尊严、赢得尊重才去做事情，因此这样的人适合主持行政工作。有地位、有身份，这往往是他们全身心的追求目标。

走路不疾不徐的人，一般时间观念不强，缺乏进取心。他们不仅在走路时表现得慢慢悠悠，在做其他事情时也是这样，总是一副不慌不忙的样子，让旁人看在眼里时总想催促他快点、再快点。

他们不懂得去争取时间，因为他们没有足够的上进心。他们总是想，反正不管怎样，完成任务就行了，并不去想什么时候能升职、什么时候能加薪之类的问题。他们十分知足，他们的信条就是知足者常乐。他们不喜欢忙忙碌碌的生活，看别人奔忙于生活，他们甚至还会不理解，会反问：“干吗把自己搞得那么辛苦那么累呢？”实际上这是因为他们根本就不明白别人心中的目标与追求，正所谓“燕雀安知鸿鹄之志”。

走路不疾不徐的人，做事虽然看上去比较稳，但并不一定做得好。他们只是动作慢。相对于动作快的人可能会少犯点错误，但他们并不喜欢动脑子，所以尽管他们做得慢，但一些细节上的问题他们常常考虑不到。他们通常没有什么崇高的理想，没有什么远大的目标，每天得过且过，总之吃饱不饿就行了。所以，当我们碰到这种不急不慢，非常悠闲的人时，基本上可以断定此人为缺乏进取心的人。

走路总是一副慢腾腾样子的人，似乎若有所思，又好像前面有陷阱似的。就如人们常说的生怕踩坏蚂蚁的小脚老太太一样，你无论说得如何急他们都不在乎似的。他们属于典型的现实主义者，为人软弱，逢事顾虑重重，简直有点杞人忧天。

走路时仿佛身处沼泽地的他们，大多性格较软弱，遇事容易知难而退，不喜欢张扬和出风头，做事之前要思考再三，否则决不冒险迈出第一步，结果往往错失良机。正是因为他们的性格特点，走路举步缓慢的人交友比较谨慎，但憨直无诡、胸无城府、重感情，只要他们认定你是他们的朋友，对你一定会推心置腹。

另外，他们凡事讲求稳重，三思而后行，绝少好高骛远，“癞蛤蟆想吃天鹅肉”的情况绝对不会发生在这种人身上。

如果他们在事业上得到提拔和重视的话，也许并不是他们有什么“后台”，而是他们那种务实的精神给自己创造了条件。

而且，这类人的观点是“眼见为实”，因此他们一般不轻易相信别人。不知道这对他们来说算是优点还是缺点，但把他们作为朋友定会相当不错，因为他们特别重信义、守承诺。不过要是你属于经常撒谎的人的话，最好别和他们来往，否则他们会发誓一辈子都会记恨你。

4. 脚踝相扣姿势的人正在克制情绪

双脚交叉、脚踝相扣，做出这种姿势的人通常都有些压抑，他们会借助脚踝相扣的姿势克制某种不良情绪。彼此相扣的双脚往往会悄悄地挪到椅子底下，与此相对应的就是沉默寡言的态度。如果一个人对交谈非常投入，那么他的双脚也一定会自然地伸向前方。

男人和女人的脚踝相扣姿势有很大区别。当男人在做出脚踝相扣的动作时，双膝敞开，双手通常会紧握拳头并置于膝盖上，或者是紧紧抓住椅子的扶手，同时还会摆出展示胯部的姿势。而女人在脚踝相扣时，身体动作略有不同：她们会把双膝并拢，两只脚置于身体同一侧，尽量并拢双膝，减少两腿之间的缝隙，双手并排或是交叠着轻轻放在位于上方的那条腿上。

经验丰富的面试官与销售员发现，无论男女，当谈话对象脚踝相扣时，他的内心便产生了“紧咬双唇”的潜意识。这个动作显示出他正在努力抑制某种消极情绪，也许是缺乏把握或者是恐慌害怕。

调查表明，在法庭上，那些等待法庭宣判的被告做出脚踝相扣这一动作的几率是原告的三倍，因为将紧扣的双脚放在椅子底下，有助于他们控制自己的情绪。另一项针对三百多位牙科患者展开的调查显示，接近90%的人一坐上牙科治疗椅，就会做出脚踝相扣的动作，如果只是进行常规的牙齿检查，那么只有近70%的人会脚踝相扣；但只要是接受牙医的注射，几乎百分之百的人都会紧扣脚踝。

跟牙医相比，还是审讯人员更能让人做出脚踝相扣的动作。调查结果显示，大部分遭到传唤的人在开始接受讯问的时候，都会做出脚踝相扣的动作。但是做出这一动作的动机更多的是出于害怕，而不是因为羞愧。

大部分应聘者在面试的过程中，都曾经做出过脚踝相扣的动作。这就说明，当做出这一动作时，他们正在尽力抑制自己的某种情绪或是态度。如果某位政要在政治谈判中做出脚踝相扣的动作，那往往意味着他已经有了要进行重大让步的打算，但仍然在竭力克制自己做出这一决定。有人指出，这个时候只要掌握恰当的提问技巧，很可能就会诱导这位政要松开自己的脚踝，并最终作出让步。

有一个男人有一份并不令人羡慕的工作——负责追讨客户债务。他给很多客户打电话，尽管他的声音显得很放松，但我们发现，他的脚踝始终紧紧相扣，并且放在椅子底下，不过，只要是和我们谈话，他就不会做出这样的动作。当有人问他是否喜欢这份工作时，他立刻回答："非常喜欢！这份工作很有意思。"虽然他的表情和语气都很令人信服，可是这样的回答实在与他的身体语言相矛盾。于是提问人再次询问相同的问题，结果这个男人沉默了一会儿，松开了脚踝，手掌也舒展开来，然后答道："哦，实际上，我都快要被逼疯了！"他开始抱怨，每天自己都要接到很多客户打来的电话，有的客户非常粗鲁，还有的十分凶悍，所以他必须不断练习控制自己的情绪，以免让客户察觉自己的不满。

除了这个男人以外，那些不喜欢通过电话与客户交流的销售员，大都习惯于保持脚踝相扣的坐姿。恰当的提问技巧能够有效地让交谈对象松开自己的脚踝，并恢复自然放松的状态(成功率为42%)。除此之外，如果会见者走到交谈对象的身边，并在一旁的椅子上坐下来，也会让交谈对象感到放松，因为在互相交流的两个人之间没有了桌子这一屏障。于是，随着情绪的平复，交谈对象的脚踝就会松开，整个谈话的气氛也会变得更加开放和亲切。

如果一个人在做出脚踝相扣坐姿的同时，还用一只手甚至双手抓住处于上方的那条腿，那就表示他不只是在有意克制自己的情绪，同时还隐藏了一种争胜的态度。用手固定住这种姿势，表明这个人是一个特别有主见而且相当顽固的人，他不会认同任何人的观点，只会相信自己。

5. 两腿相缠的姿势较容易害羞

两腿交缠的姿势较容易害羞。

一般来说，容易害羞和胆小的人经常会做出两腿相缠的姿势，可以说，这个动作基本上专属于女性，有时，它也属于那些善于弯曲身体、擅长杂技柔术的演员。

两腿相缠，具体就是将一只脚的脚尖紧贴在另一条腿上。身体的重量倾向于放在一条腿上，这时人的整个身体都会呈现一种紧缩状态，做出这个姿势的人不管上半身表现得多么轻松随意，这种紧缩的状态都完完全全地暴露了本人的不安全感。

不知不觉小路成了一名剩女，在事业的大道上没有多好的发展，但是在迎头赶路的过程中恍然发现青春已去，夫婿却未有，小路开始着急了。几番努力之后，她成功地在一个名声响当当的交友网站上认识了一位不错的男士。两个人在网上谈话谈得很投机，于是很快定下了见面的时间。可是，和男士一见面，坐在桌子后面的小路突然紧张起来，这可是她的第一次相亲，她不知道自己该怎么表现才不会错失这个机会，原本火辣开朗的她一下子局促起来。不经意间，她右脚的脚尖紧紧贴在了左腿上，不由自主地来回摩擦。看着似乎受惊的小路，初次见面的男士不禁也紧张起来，他手掌来回摩擦，努力找话题缓和气氛。此时的小路可以说就像胆小的乌龟一样，希望自己能够躲进厚厚的壳里，逃避这一时的尴尬和不安。两腿相缠的姿势明显暴露了她的害羞，如果这位男士希望小路能脱去这紧张坚硬的外壳，那就得采用温暖、友好和轻柔的方式慢慢接近她。由于男性腿部和髋部的骨骼构造

两腿交缠的姿势
较容易害羞

和女性不同，所以很难摆出这种坐姿。正因如此，紧张的男士不经意间使用了双手摩擦这个动作来缓解自己的尴尬。

在举止礼仪课和模特培训课上，培训老师都会教给女人这种坐姿。将两腿交叉而小腿保持平行，这样的姿势会使腿部看起来更加健康和年轻，极具性感魅力，因而会显得无比具有吸引力，这一坐姿还曾被众多男性评选为最钟爱的女性坐姿。

有的女性在跟心仪的男性相处时，总是频繁地交叉和松开两腿。虽然她们在两腿交叉时也会保持小腿平行的坐姿，但这样的做法可不能与小腿保持平行的端庄坐姿混为一谈，这些女性这样做只是为了将男人的注意力吸引到自己的腿上。在非正式的社交场合，通过交叉的双腿展现自己美丽的腿型是无可厚非的。但千万不要在商务场合中这样做，因为腿部会告诉别人你想要去哪里，以及对他人的好恶。如果你是女性，除非你穿着的是A字型连衣裙，或是下沿长过膝盖的裙子，否则不要使用这样的姿势。要知道，女性露出大腿几乎会让所有的男人心神不宁。这样的后果就是，这些商务人士会在听你说话时心不在焉。他们也许会记住你是谁，但很可能不记得你到底说了些什么。

如果你是一位男性，而且经常有机会与商界中的女性打交道，那么同样有一条准则要送给你——常常要提醒自己保持膝盖并拢的姿势，否则会很失礼。

6. 双臂摆动幅度很大的人很纯真

年轻人走路容易蹦蹦跳跳，双臂摆动的幅度较大，有时甚至像急行军一样，这应该归因于年轻人轻快的步伐以及良好的肌肉柔韧性。

双臂摆动幅度大，走路连蹦带跳的人，通常都是开朗热情的人，他们对待他人热情诚恳，做事磊落坦荡，即使是女性也有一股侠义之气。跟他们做朋友，可以感受到他们的真性情，在交流与沟通上不会感到有障碍。所以，很多人都喜欢与这种性格的人在一起谈心，因此他们的人缘通常不错。

双臂摆动幅度大，而且走路一蹦三跳的人，一般都很纯真，有时会有点儿小孩子脾气。这类人无论年纪多大，总会保留着一些小孩子的特征。他们时而任性，时而率真，时而疯狂，时而忧伤，通常有什么心事都会流露于外表，不会隐藏自己的心思。这类人也很喜欢表现自己，常常希望别人对自己有更多的关注，希望自己成为朋友圈子里明星式的人物。不过当他们要小孩子脾气时，也不好伺候，他们可能会任性地大哭大闹，不分场合，也不会想太多应该或不应该、可以或不可以之类的问题，而是什么都随着性子来，情绪来了谁也挡不住。

相对于男性，女性走路时，手臂向后摆动幅度更大，因为女性的肘部向外弯曲的能力强，这一特点让她们在背孩子时能更稳地托住孩子。

手臂是人身体力量的象征。强壮的手臂往往让人感觉很有安全感，女性喜欢拥有长而健壮手臂的男人，因为这不仅会让女性感觉安全踏实，关键是看起来很健康。拥有瘦小手臂的人让人感觉没有力量，如果一个人走路时手臂有气无力，也很容易让人觉得病恹恹、无精打采。

总而言之，当我们挥动双臂时，不仅是力量的展示，也是一个人精神状态的写照。如果想让自己看起来更加年轻、精神，不妨向这些纯真的人学习学习，下次走路时把双臂摆动起来，把身体内的能量一同挥舞出来。

7. 坐姿大大咧咧的人带有威吓与冷漠

坐姿大大咧咧的人带有威吓与冷漠。

一个人的精神状态如何，内在素养怎样，完全可以通过他的坐姿看出来。正确的坐姿可以给人端庄稳重的感觉，而大大咧咧的坐姿会给人比较随意或者带有威吓与冷漠的感觉。随意的、没有分寸的坐姿，在社交场合应该极力避免。

“大大咧咧”的坐姿就是双腿敞开，尽量多占空间。如果一个人想占主导地位，那可以试试这种坐姿，尽可能地铺开你的双臂和双腿，能伸多远就伸多远，甚至可以将脚放到公共区域。就像动物为了威吓敌人、占领地盘而扩展身体一样，采取这种姿势的人心理上也有这种威吓别人的倾向。他们觉得这样就可以多占些空间，并且让别人敢怒不敢言。

从某种角度来说，一个不分场合、总喜欢张开两腿坐着的男人，很可能是从小被娇宠惯了。自以为比他人优越、自高自大的性格，迟早会给他带来麻烦。不同体态的人，坐姿也不尽相同。有一些人坐稳后两腿张开、姿态懒散。一般来说，这些人通常都是比较胖的人，由于腿部的肉过多，行走不便，所以采取这种慵懒的坐姿。

当别人请你坐下时，你应当走到座位前，转身后轻轻地坐下。需要注意的是，假如你是女士，身着裙装，在坐下前要先将裙摆捋一下，以免将裙子坐皱。

这种尽可能把双腿分开的姿势是一个纯属男性专用的姿势，在动物界，也有这种倾向，当雄性黑猩猩试图在猩群中间建立自己的权威时，也会做出这个姿势。它们全都把双腿大大地分开，谁占据的面积最大，谁就被视为是最有支配权的首领。这样的较量方式可以让猩群免受肉搏的伤痛。同样，男人在做这个姿势时也是为了争取地位。尽管大部分男人都没有意识到这一点，但是双腿分开的姿势的确传达出了权力与地位的讯息。

如果一个男性分开自己的双腿，那么其他男性为了维持自己的原有地位，也会纷纷效仿这一姿势。但是，如果男性在女性面前做这个动作，那将会产生非常不好的影响，在商务场合更是如此，因为女性不可能模仿这一姿势。如果一个男性在商务场合做出双腿分开的姿势，他身旁的女性就会产生遭受胁迫的感觉。

不拘礼节、无动于衷和漠不关心的状态，在商务会议中一定要避免，必须要保持双腿并拢的姿势。如果对方是一位女士，且经常遭遇这种热衷展示胯部的男性，只要她不产生防御心理，男性展示胯部的姿势也就随之变得毫无意义。把腿放在椅子的扶手上这同样是一个相当男性化的姿势，因为在这个姿势中，双腿也是分开的。这个姿势不仅强调了男性对这把椅子的所有权，而且还传达出一种不拘礼节和挑衅的态度。

当两个男性在一起谈笑风生时，把腿放在椅子扶手上可以算是无伤大雅的动作。但是，如果是在其他的场合，这个动作会产生什么不同的影响呢？有一位员工因某个私人问题十分苦恼，想去向自己的上司讨教。这位员工坐在椅子上叙述来龙去脉，他身体前倾，双手放在膝盖上，低着头，语调沮丧，声音低沉。他的上司起初是静静地坐着，认真倾听，而后却把后背靠在椅背上，抬起一条腿搁在扶手上。这样的身体姿势变化表现出这位上司的态度明显转向无动于衷或是漠不关心。

如果在商务谈判中，遇到这种把腿放在椅子扶手上的人，那可真是一件相当烦人的事情。这个时候首先需要解决的，就是设法让这个人改变自己的坐姿，因为只要他一直保持这种坐姿，他内心漠不关心或是挑衅的态度就无法驱散。一个简单易行的方法是请他往前面坐一点，拿出一些资料给他看。

坐姿反映一个人的修养和他的精神状态。坐着时，我们的上身应正直而稍向前倾，头平正，两手交叠放在自己腿上，男性可将双膝自然分开与肩同宽，女性则应双膝并拢。

需要注意的是，即使是坐着非常舒服的沙发或靠椅，我们也不应该将后背靠在椅背上，这样一方面会显得你过于放松、没有礼貌；另一方面，背靠沙发会给对方留下傲慢的印象，不利于你们的进一步交流。

在与人交谈时，我们应该将身体微微前倾，双膝自然并拢，双腿正放或者侧放。特别是在倾听别人说话时，这样的动作会让对方觉得你正在认真倾听，而且也显示出你是一个易于接近的人。一般情况下，不要跷二郎腿，这是不礼貌的表现；也不要抖动腿部，这会让人感觉你非常紧张或者心烦意乱。

坐姿大大咧咧的人
带有威吓与冷漠

8. 剪刀姿势站立的人希望自己隐形

如果有人喜欢双腿交叉，站立时一只脚放在另一条腿的小腿后，那么你还是尽量少去打扰他，因为他这时是在暗自希望没人会注意到自己，起码是尽可能做到。

采取这种站姿的人多数很古板，也很胆小，有时会显得很乏味无聊。因为这种姿势的潜台词是“我不打算走开”。采取剪刀姿势站立的人通常脚尖会有一定的朝向，比如多数朝向门的位置，那表示他们随时都想走。

在人类的进化过程中，腿部动作主要服务于两种目的：一是向前走以获得食物，二是在遇到危险时逃跑。由于人类的大脑直接关联着这两种基本目的，所以人们的双腿和脚部能够显示他们内心的动向。换句话说，通过观察别人的腿部，你就能知道对方到底愿不愿意跟你继续交谈。如果你观察得更仔细一点，还能发现，这些人会跟其他与会者保持较远的距离。比人们惯常的普通社交距离要远得多。采取这种剪刀站姿的人多数都自成一个世界，对周围的人采取一种“你不来，我不欢迎”的状态，如果你和这些人交谈，会发现他们跟其他的与会者互不熟悉。剪刀站姿展现出保守、戒备的态度，因为这种姿势象征着拒绝任何人接近自己。

有些人坐着的时候也喜欢这种剪刀姿势，一条腿别在另一条腿后面。双腿并拢，双手交叉于或者直接插于大腿中间。这类人通常比较古板，性情自我、固执，不愿轻易接受别人的意见，即便知道别人说的是对的，也愿意固执地坚持自己的观点，不肯低下自己的脑袋。这类人还有一个特点，就是有些完美主义倾向，因此做的都是一些可望而不可即的事情。做事缺乏耐心，哪怕只是短短十分钟的会议，他们也会显得极度厌烦。所以，在现实中，他们经常遭遇挫折和失败。

9. 把自己扔到座位上的人有些局促

坐在椅子上的姿势行为，会因人而异。有的人是把全身猛然扔出似的坐下，有的人则慢慢坐下，也有的人则小心翼翼地坐在椅子前部，还有的将身体深深沉下似的坐下。其中猛然间像把身体扔出去似的坐下的人，大多是在隐藏内心的不安。

不管面对的是初识者还是熟人，猛然摔坐在椅子上的人，表面上似乎是一副不拘小节的样子，其实他的心理状态和表面上的情况恰恰相反。这种看上去极端随意的态度后面，深深地隐藏着他内心的极度不安。这种坐态，出自不愿被对方识破自己真正心情的抑制心理。尤其是面对初次相识的人，这一心理更加强烈。采用此种坐态的人，在他坐下来以后，往往会表现出心绪不安、不时地移动屁股或心不在焉的神态。由此便可看出他的真正心绪。当然，如果是知心朋友或者亲属之间，则不能一概而论，可将这种坐姿视为与其态度一致的心情表现。

一般来说，对于那种舒适地深陷在座位中的人，他的坐姿是在向他人表示自己的心理优势。坐的姿势，是人类活动中的不自然状态，坐着的人必然在潜意识中存在着可以立即站起来的心理。这在心理学上，被称为“觉醒水准”的高度状态。随着紧张情绪的解除，该“觉醒水准”也会随之降低。于是，人的腰部逐渐向后挪动，变成身体靠在椅背、两脚向前伸出的姿态。采用这种坐姿的人，很难一下子就从座位上站起来，这说明。他认为面对他人不必过分紧张，也不必担忧对方会侵犯自己，他有充分的信心来统御对方。所以深陷在座位中的坐姿，即向人发出了“优越”的信号。总之，深坐的人潜意识中希望自己居高临下，有一种强烈的控制欲；而浅坐的人，潜意识中会表现出一种服从对方的心理来。那些浅坐在椅子上的人，即只用半个屁股坐在座位上的人，是无意识地表现出自己居于心理劣势，而且缺乏精神上的安全感。在对方面前，他处于从属的地位。但也有这种情况，他的屁股浅浅地坐在椅子的边缘，手肘搁在大腿上，双手松弛地悬垂着。采用这种坐姿的人，表现出一种好奇心，对正在谈的问题很有兴趣。

由此可以知道，那些将自己猛然扔出似的坐下的人，一定是心里隐藏着什么事情，因此在坐的时候才会如此局促不安。

10. 立正姿势显示自信

标准的立正姿势是：两脚跟靠拢并齐，两脚尖向外分开约60度；两腿挺直；小腹微收，自然挺胸。这个姿势最常见于站军姿。

这个站立姿势的要求较高，立正时要求上半身挺直，肩膀放平，微向后张，因为这样的站姿能把整个身体都调动起来，使人看起来非常有精神。这也是为什么普通人和军人站在一起时，军人总是显得更加威武、挺拔的原因之一。

立正的姿势可以凸显男人的雄性气概，研究显示，缺乏自信的人经常会使用双腿交叉的姿势，而自信的人更多采用的是立正的姿势。这种身体姿态从封闭转向开放的过程，缘于人们逐渐了解周围的同伴，在感觉更加自在以后，逐步对周围的伙伴开放了自己的领地。那些充满戒备意味的双臂或双腿互相交叉的姿势，会自然而然地随着警戒的解除逐渐转向开放自然的姿势。

当两个人之间的交谈变得比较愉快，相互间建立起了和谐亲善的关系时，最先发生变化的就是腿部动作。他们不再保持两腿交叉的姿势，而是两脚并拢，形成立正的站姿。接着，交叉的双臂中处于上方的那只手臂会伸出来，而且在说话的时候手掌还会做出一些手势。尽管这只伸出的手臂还没有完全放开，但已经不再是阻挡对方的屏障，此时它不过作为另一只手的支撑，使整个上半身呈现单臂遮挡于前胸的姿势。渐渐地，双臂都放松下来，一只手做着手势，或是置于臀部，也可能是插在裤子口袋里。最后，彼此熟知的两个人都采取“稍息”的站姿，双臂自然舒展，显示出乐于接受对方的态度。

一般来说，在一个人的形象中，站姿占有很重要的地位。因为当你面对别人的时候，首先映入别人眼帘的就是你的站姿。有的人的站姿是抬头、挺胸、收腹，两腿分开直立，两脚呈正步，像一棵松树般挺拔。这种人是健康自信的人，因为自信，所以这种人做事雷厉风行，很有魄力。这种男人有正直感、责任感，是大多数女孩子追求的对象。而有的人站立时弯弯曲曲，头部下垂，胸不挺，眼不平。他们缺乏自信，做事畏缩不前，不敢承担风险和责任。

一个人如果站立时弯腰曲背，或略呈佝偻状，则属于封闭型立姿，表现出自我防卫、封闭、消沉的心理倾向。与站姿挺拔的人相比，精神气质上总处于劣势，同时还反映了他惶惑不安或自我抑制的心情。除此之外，这种人很可能专干偷鸡摸狗之事，因为做贼心虚，生怕他人透过眼睛发现自己的所作所为，所以，他的头抬不起来，胸也不敢挺起来。还有一类人，那就是长期因疾病服药的人。当然，这类人大家都可以理解，不是他们不想挺直腰杆做人，而是因为恶疾缠身。

因此，任何时候我们都要“站有站相”。标准的立正姿势，会让我们在任何场合显得自信满满。

11. 插兜而站的人心思细腻、喜欢挑战

插兜而站的人心思细腻、喜欢挑战。

一般来说，那些习惯将双手半插于口袋中的人，都是心思细腻、比较有激情、有朝气的年轻人。这类人做什么事情都带着一股激情，带着一股干劲，他们往往不满足于死板教条、机械式的工作，不满足于恪守陈规，他们大多喜欢挑战，喜欢难度越来越高的工作。越是有难度的、有挑战性的工作，越能激发他们的热情与干劲。每次他们完成了一个更高难度的任务时，心中都会升起一股强烈的自豪感和荣誉感，这种感觉会激励他们去追求更高的难度、更大的挑战。

习惯将双手半插于口袋的人还有比较强烈的进取精神，他们不喜欢自己没有进步，不喜欢原地踏步的生活，所以他们常常会主动寻求能让自己不断提高的工作，喜欢迎接新的挑战。对于他们来说，有挑战的生活才是有乐趣的，如果没有了挑战，他们在工作的时候则会显得意兴索然、没有精神，即使很好地完成了工作，他们的心里也没有丝毫的愉快和欣慰。在为人处世上，这种人喜欢结交那些比自己能力高的朋友，倒不是为人势利，而是希望从这些比他们能力高的人身上学到东西，从而提高自己。所以，当我们看到有人常常将双手半插于口袋时，我们便可大致断定此人十有八九是个很有进取心、喜欢迎接挑战的人。

如果你正在跟上司谈话，当上司听得不耐烦时，他常常会把手插在口袋里站立，甚至还会在屋里踱来踱去。但如果他是一个在自然站立状态下喜欢双手插兜的人，则说明他在喜欢三思而后行。

另外，站立时喜欢把手放在口袋里的动作，说明此人想要隐藏一些东西，这一动作是不让对方看破自己的警戒心理的表现，也是不信任对方的表现。也许他是一边面露微笑地倾听，一边却将插入口袋中的手握紧，做出一副准备攻击的架势。当然，此种动作也可视为企图扩大势力范围的职业性姿态。不论是何意，手插入口袋而倾听对方说话的人，不仅不同意对方，并且不想与对方确立亲密关系。

在某一个晚会上，有很多人在聊天，可是总有那么几个人站在墙角边，背靠着墙，双手插在口袋里，静静地看着热闹的晚会现场；或者坐在灯光较暗的地方，后背靠着椅背，嘴里叼着一支烟，双手插在口袋里看着其他人。这种姿势一般出现在非正式场合，而且这个姿势一般表示对他人的无礼，好像在暗示："我根本不想跟你说话。"在某些正式场合出现这样的情况，也表明对方非常强势，而且缺乏涵养。这时，如果你跟对方交谈或者向对方请教问题，你会发现对方不想跟你说话，即使迫不得已回答了也是敷衍了事。其实对方将双手置于口袋之中的姿势已经告诉你："我此刻不想跟任何人说话。"

在一些销售的培训课上，老师会告诉推销员，当顾客在双手插兜看商品时，他此刻并没有购买的打算，只是抱着看一看的心态，而且他也不希望推销员过于热情地向他推销，过于热情地进行介绍反而会烦扰他。这时，推销员最好先询问对方想要一个什么样的产品，在弄清对方需求后再进行推销，如果顾客只是说看看，那么就告诉对方："您需要的时候请随时叫我。"

有研究表明，当一个人在撒谎时，他总是习惯性地将双手插兜或者将双手背在身后，以使自己的双手脱离对方的视线。如果一个人在与他人交谈过程中一直处于手插口袋的状态，或者不时有抓挠脖子的动作，那么他很可能在撒谎，此时隐藏双手可以使他比较镇定；如果这个人双手插兜站在人群外，脸上的表情很冷漠，那么他很可能只是不想被卷入到谈话情境中去。

自然站立时喜欢双手插兜的人，性格通常谨小慎微，凡事三思而后行。如果你想让他们决定一件事，不如先给他们一份计划书。在工作中他们最缺乏灵活性，往往用呆板的办法解决问题。他们对突如其来的失败或打击心理承受能力差，在逆境中更多的是垂头丧气、怨天尤人。他们城府较深，不肯轻易向人表露心迹，而且性格偏于保守、内向，凡事步步为营，警觉性极高，不肯轻信别人。

假如你能养成将双手暴露于别人视线之下的习惯，你也会慢慢养成坦诚面对别人的习惯。如果你希望自己的性格有所改变，不妨试试经常把双手拿出来。

插兜而站的人心思
细腻、喜欢挑战

12. 4字腿型坐姿富有挑战意识

4字型腿坐姿富有挑战意识。

“4字腿”又叫欧美腿，它和中国人的正襟危坐有明显区别。中国人传统的坐法是上身与大腿、大腿与小腿之间分别成直角，腰杆挺直，膝盖收紧。欧美人却并不习惯“正襟危坐”，他们喜欢将一只脚的脚踝压在另一条大腿上，看起来就像阿拉伯数字“4”一样，所以这种架腿法就被称为“4字腿”。习惯坐成“4字腿”姿势并抱紧双臂把自己置于一个封闭的空间的人不太容易向他人敞开胸怀。抱臂而坐时手臂的肌肉鼓起，力量全都集中在臂膀上，因此抱臂而坐的人通常会看起来有对外界排斥的感觉，同时看起来又很强势。换句话说，抱臂而坐的人往往都有很强的挑战意识。

有一位知名销售员将在大会上发言。当这位销售员走向讲台时，其他人都相应地做出了双腿和双臂交叉的戒备姿势，表现出他们对这位销售员的发言怀有担忧和害怕的情绪。其他人的这种反应的确不无道理，这位销售员怒斥经理管理能力低下，并认为这就是公司员工管理中存在的最大问题。在这位销售员发言的过程中，听众席的大部分销售员要么身体前倾，表现出相当有兴趣，要么就做出思考的手势，但是经理则始终保持着戒备的身体姿态。接下来，这位销售员论述，在他看来，相对于销售员而言，销售经理到底应该扮演怎样的角色。这个时候，就像交响乐团的乐手接到乐团指挥发出的指令一样，大部分男性经理立刻改变了坐姿，仍然紧抱双臂，并做出“4字腿”的姿势，这就意味着他们都在内心对这位销售员的观点提出反驳。之后的事实验证了这一点，很多经理的确提出了反对意见。有一些经理尽管不同意这位销售员的看法，却并没有改变坐姿。不过，通过进一步了解，我们发现这部分经理大都是由于身体条件或者疾病所限，无法做出“4 字腿”的姿势，比如身材过于肥胖、腿部有伤或者患有关节炎等。

在面对一个身体处于戒备姿势的人时，如果你想要说服他同意你的观点，那么你最好先试着让他改变自己的身体姿势，然后再进行劝说。你可以拿出一些资料让他看看，邀请他坐到你的身边，或者麻烦他帮你做一点小事，替你拿点东西等等，这样，他的身体姿态就会改变。另外，给他递上一杯茶或者咖啡也能产生不错的效果，因为人们很难在端着杯子的时候让双臂或者双腿互相交叉，除非他不怕烫到自己。

“4 字腿”也是展示胯部这一姿势的坐姿版本，一般来说，美国男人经常使用这种坐姿，在另一些受美式文化影响较大的国家，例如新加坡、日本和菲律宾，年轻人也喜欢采用这种坐姿，这种姿势所表现的是争辩或者争胜的态度。在所有的灵长类动物中，雄性在作为胜利者时，最喜欢采用这种姿

4 字型腿坐姿富有挑战意识

势展示自己的雄性资本。在澳大利亚和新西兰等国家，人们既会使用欧洲版的双腿交叉坐姿，也会使用美国版的“4 字腿”坐姿。在第二次世界大战期间，纳粹党特别关注人们的坐姿，一旦发现有人摆出“4 字腿”的姿势，他们就能立刻判断出这个人肯定不是德国人，或者他曾经在美国生活过。

如今，这个坐姿已经广泛存在于多种文化背景里，如俄罗斯、日本、马耳他等，这些地方的年轻人深受美国电影和电视节目的影响，渐渐地开始模仿荧屏上的美式坐姿。男人在摆出这种坐姿时，不仅能体现自己的自信和支配地位，同时也能显得放松和年轻。可是，在中东和亚洲的某些地区，“4 字腿”的坐姿却被视为对他人的一种侮辱，因为这种姿势会将鞋底展示在众人眼前，而人们在行走的时候难免会让鞋底沾上污垢。

人们有时会在穿着长裤或牛仔裤时，做出“4 字腿”坐姿，但这通常发生在女人之间的聚会中。女人很少会在男人面前做出这样的姿势，因为她们不想表现得过于男性化，或者是不想让男人误认为自己在进行性引诱。

另外，还有研究显示，大部分人在做出重大决定时，都喜欢保持双脚踩在地面的姿势，所以当别人的坐姿是“4 字腿”时，最好不要立刻要求他做出决定。

13. 习惯坐在老板座位的人有控制欲

在职场，座位排序是一门学问。开会就餐，很多人都会选择自己习惯或喜欢的座位，有人喜欢坐在众人之前，受人瞩目，有人可能喜欢坐在角落，把自己藏起来。从座位的选择上我们能看出人的性格。通常来说，一个集体坐席中正中间的座位是最佳位置。当别人说话的时候，坐在正中间位置的人可以同时看到两侧的参与者，同时他几乎不会处于对立的位置，无论是哪一侧。因此，这个座位被称为“老板座位”。

喜欢和习惯坐在老板座位的人都很有控制欲，这种类型的人喜欢掌握大局的感觉，他们尤其喜欢自己讲话时被众人仰慕、成为焦点的情景。

坐在老板座位的人更容易发起话题，也更容易和更多的人有紧密的联系。他可以与左边、右边、对面的人讨论，处于“左右逢源”的位置，因此这个座位占据了天时地利人和：既能成为焦点，掌控全局，又不会和他人产生距离感。

坐在老板座位上的人，身体的前后移动在每次谈话中也会起到积极的作用。因为这构成了一个人在发言者和倾听者角色之间的相互转换，这对其他座位上的人来说也是一个很好的谈话技巧。无论我们和一个人还是和几个人坐在一起，原则上我们都要求自己单独坐一个座位。谈话时，我们应该注意随时给对方一些信号，以表明自己的注意力在对方身上，比如通过抬一下眉毛、点头表示同意以及其他一些小动作，这些对每一次谈话都很重要。

老板座位旁边的位置也很重要，它很容易引起老板的注意，同时又会使坐在那里的人与老板的亲近之举很自然随意。常坐在老板座位旁边的人有更多机会表现自己。

一般，在每周的例会上，大家都习惯扎堆往后边的座位挤，离老板越远越好。这天小李来晚了，后排的座位自然是没有了，前排只剩下老板旁边的两个空座——这可是座位的大忌，没有人愿意坐在老板身边，等着被检视。小李环顾一周，实在没有其他的座位，他只好讪讪地跟正在给大家倒水的服务生说："给我找把椅子。"此时，会议室已经安静了下来，小李声音虽然不大，却被老板听见了，他侧转身子，冲小李挥了挥手，指着自己身边的空位说："这边坐。"眼见会议就要开始了，小李不得不硬着头皮坐到了老板旁边的空座上。

从会议开始到会议结束，小李一直坐立不安，浑身别扭。往常开会，他总是坐在后排的椅子上，那是老板看不到的自由空间，想听就听，不想听就看报纸、发短信、打手机游戏，瞌睡了还可以打个盹儿，可这回，他不仅失去了自由，而且还得挺胸抬头地坐着，装模作样地做笔记。这还不算完，老板时不时地要征求一下员工的意见，于是，作为离老板最近的员工，小李被询问了数次，就算是再无话可说，也总得说句"是"吧。就这样，小李低眉顺眼地在领导旁边的座位上熬了整整两个小时，恨不得会议赶紧结束，逃离那个可怕的位置。

会议终于结束了，小李像火箭一样"嗖"地站起来直奔自己的办公桌，好好地把绷了两个小时的身体伸展开，这才感觉松弛了下来。

周四又是例会，小李磨磨蹭蹭，想晚点去，等骨干坐到老板一边的座位，而老板另一边的座位从来都是部门主任的专座。可没想到，骨干竟然又没有出现。这下可糟了，后排座位早就被占满了，小李只好硬着头皮又坐到了老板的旁边。离开会时间还有几分钟，老板饶有兴趣地问道："你叫什么名字？"小李回答道："我叫李刚，业务部的。"老板点头："你最近接了什么单子？"说到工作小李可有话题了，他立刻兴奋地把最近刚接到的一笔单子进行了详细的汇报，把老板说得心花怒放，过了不久，小李就在众人羡慕的眼神里得到了一个外派学习的机会。

可见，座位的选择很重要。坐老板身边的空位是一个自我提升的绝佳途径，和老板随意的聊天和难得的交流，容易让对方认识自己，获得认可并得到提拔的机会。

14. 脚尖告诉你真实想法

脚尖的指向不但表示此人想去的方向，同时也可能表示对所指向的人感兴趣。

有几个朋友一起结伴到餐馆吃饭，她们围坐在一张桌子旁边。从桌子上方看，她们互相之间都有着融洽和谐的关系。而从桌子下方看，则有了不同的场景。另外几个人的脚尖都朝向了其中的一个人，由此也可以看出，这个人才是这群人中间的主角。

如果你仔细观察那些正在面对面进行谈话的人，你会发现，也许表面上看起来其中一方正在发表讲话，另一方正在兴致勃勃地倾听，但是这时如果你仔细观察谈话者脚尖的指向，便会发现一个有趣的现象：那就是在谈话的一方对着另一方讲话的同时，脚尖也指向着对方，这种动作表示他对对方很感兴趣，正在尽力发表令对方感到愉悦的讲话。如果对方懂得这种无声语言传递的信息，意识到并也注意到了对方的脚尖指向，在没有其他因素的掺杂的情况下，他会不自觉地将自己的脚尖指向对方，表示自己的好感。

一般，我们很容易忽略脚尖的指向。似乎脚在地上的摆放位置只是一种天然的习惯，没有太多的深意，所以脚尖朝向也就不值得探讨。实际上，当我们的上身在自身潜意识的作用下发生偏移的时候，我们的下肢也会跟随着移动，而脚尖也就朝向了我们最感兴趣的人或事物。脚尖的动作虽然很小，却能揭示出一个人内心深处的想法。因为在对方能注意到的地方，我们对自己的一举一动会更加留意，这种关注有时候会让我们刻意改变自己的身体语言，避免自己的内心世界轻易被别人识破，虽然刻意的身体语言通过仔细辨认也是可以识别的，但一般人还是很难发现。所以就造成了上肢动作可以“撒谎”的情形。而下肢动作则很难“撒谎”，大部分人在注意了自己的上肢动作后都很难顾及下肢的动作，于是内心最真实的想法就很容易通过下肢动作流露出来。比如，你的脚尖会不由自主地朝向你关注的事物。伸长的脚是脚尖朝向的强化延伸动作，脚尖只是微微表露了心意，而伸长的脚则是在向对方明确地示好。

当我们与对方谈话时，无论是对谈话内容还是交谈对象，只要我们感兴趣，我们就会把脚伸向对方，缩短与交谈对象之间的距离。反之，如果我们兴味索然，我们就会缩回自己的脚，尽量拉远与交谈对象的距离。如果我们是坐着谈话，这样的行为更加明显。如果我们不想谈话，也懒得附和对方的意见，就会把脚收回，甚至交扣着脚踝放到椅子下面，呈现出一副封闭姿势。

不同的人在行走时，脚尖的朝向会有所不同，也就是我们常说的“外八字”和“内八字”之分。如果排除生理缺陷等原因，这些行走中的脚尖朝向也会在一定程度上反映人的性格。如果一个人习惯用“外八字”的姿势走路，也就是脚尖往外偏的幅度很大，表明他会被一些无关紧要的小事所吸引。为了得到更多的信息，他甚至愿意绕道而行。而“内八字”的姿势使得脚尖朝向里，有“刹车”的作用。有着这种走姿的人经常犹豫不决。如果他的上身姿势经常是封闭性的，那么他的内向、拘谨的性格特征表现得就更加明显了。他永远是一副憨实厚道的样子，但这种人在厚道的外表下，并不显得沉静。他平常留意生活中的细节，事事喜欢按部就班地进行，如果有突发事件，就会大乱阵脚，变得手足无措。这种人的性格注定了他不会创新，他情愿跟着潮流走。当别人把一定的权力交给他，使其成为众人注目的焦点时，他就会浑身不自在而烦躁不安，因为他只追求平淡的生活。

第六章

肢体姿势与动作是内心世界的真实反映

通常来说，我们对自己面部的表情很在意，会有意识地控制自己的面部肌肉，使自己的内心想法不被识破。但是，一些肢体姿势却成为我们内心世界真实的外在反映，比如腿部姿势、脚部动作等，都是非常丰富的信息源。如果稍不注意，我们的内心活动就可能通过这些肢体姿势流露出来。

1. 分开或交叉的双腿，体现着不同的心理内涵

在人类进化的过程当中，腿部动作一般有两个目的，一是行走，另一个就是遭遇危险时逃跑。而这两个目的都是直接受大脑支配的，所以腿部动作最能体现出我们的思想活动。

腿部的动作所体现出来的情感活动是比较复杂的，最常见的是双腿的分开或交叉。站立时将双腿叉开，这是个非常典型的男性身体语言，也是一种想要传递支配意识的姿势。将双腿坚实地踩在地面上，代表的是一种力量和坚持。在体育比赛休息时，男队员们通常会围成一圈，采用这种展现胯部的姿势，而且还会不断地变换胯部的方向。之所以这样，就是因为这种姿势能够体现他们自信和团结的气势。

站立时，我们有时会将身体的重心放在一侧臀部或腿上，另一条腿略向前伸，类似于队列中稍息的姿势，这种腿部姿势在人际交往中也体现着一定的心理活动，通常我们伸出的脚尖所指的方向，就是内心正在向往的地方或人与物所在的方向。

有时我们在站立时，还会做出双腿互相交叉的姿势。这种姿势会向他人传达一种保守、顺从的心态，或者一种戒备心理。通常我们的双腿做出这样的动作时，都是出于一种保护自己的目的。

还有一种站立时双腿分开的姿势，这种姿势一般男性使用的居多，表现出一种强势和占有心理，说明此人想要获得更多的领地，争取更多的地位。尽管你可能在这样站立时并没有意识到这一点，但分开的双腿却传达着这种代表权力和地位的信息。在女性面前最好不要做这种动作，因为这会给对方

一种仗势欺人的感觉。尤其在商务场合，这一动作会给身旁的女性带来压力和紧迫感。所以，男性在商务场合最好能保持双腿并拢，显得比较有修养。

有些人在站立时，还会令双腿呈交叉的剪刀型，也就是一条腿保持直立，另一条腿与直立的腿保持交叉动作。这种动作通常给人一种“不置可否”的含义。如果你是一位女性，那么这种腿部动作就代表着两层含义：一是继续留在原地，不想离开；另一层含义就是拒绝他人接近。如果你是一位男性，那么这种腿部动作除了表示留在原地外，还表达出一种不希望对方攻击自己的意图。研究发现，一些缺乏自信的人就喜欢做出这种双腿交叉的动作。因此在别人看来，这种动作不仅流露出你的消极情绪和戒备心理，同时还是一种缺乏安全感的表现，甚至会引发周围的人都做出同样的动作。

虽然我们可能经常会做出这种腿部动作，但却不愿意承认自己在做这个动作背后隐藏的紧张情绪，总会找一些诸如感觉舒服的理由来掩饰自己。而事实上，这个动作本身就已经在无意之间透露出了我们的内心情绪。

2. 腿部的细微动作，你的消极心理已被看破

腿是距离大脑最远的肢体，但有趣的是，它却是最诚实的。英国心理学家莫里斯经过研究发现：人体中越是远离大脑部位的动作，越是能够表达人们内心的真实情感。因而，腿部表现出来的一些哪怕是细微的动作，也可以体现你的心理活动。通过腿部的动作，人们会发现你的内心变化，一些动作还会体现出你的消极心理。

比如，经常将两条腿交缠在一起，即将一只脚的脚尖紧贴在另一条腿上，就容易给人一种害羞和胆怯的感觉，让人感觉你的内心似乎充满了不安全感。尤其是女性，不论你的上半身表现得多么自然放松，腿部的小动作都已将你的内心表露无疑。也就是说，此时你的情绪是胆怯和不安的。这时，如果有人想要接近你，就会发现你充满了抵触感的情绪。

不知你留意过没有，当你在与别人进行交谈时，如果你对对方或对方的话题感兴趣，腿部就会不自觉地伸向前方，试图缩短自己与对方之间的距离。相反，如果你对对方或其话题不感兴趣或不想发言时，就会努力缩回自己的双腿。如果是坐着的话，有时还会将双脚缩到椅子底下。这些动作，都是因为你的内心此时开始缺乏安全感，对对方产生了抵抗心理所致。

如果你是位男性，当向自己心仪的女性示爱时，你可能会采取一系列比较典型的男性求爱的肢体语言，比如一只脚伸向对方，两腿叉开，展示自己的胯部，同时两臂向身体两侧展开，这样可以令自己看起来很魁梧，并且可以占取更大的空间。此时，做出交叉双腿的动作显然是不明智的，因为那体现了一种消极的心理情绪，会令你看起来缺乏男子汉的气概。相反，如果此

时女性使用了典型的女性动作，表达出一种消极的拒绝姿态，如双腿并拢、双臂交叉，身体背对着你，尽量缩小自己所占的空间，那么你的努力几乎就没什么太大的意义了，因为对方的肢体动作已经告诉你，她拒绝了你的求爱。

在一般类型的社交场合，令自己双腿交叉，以展现自己美丽的腿型无可厚非，但是，千万不要在商务场合中做出这种姿势。尤其是女性，更应尽量避免在与商务人士谈判时做出双腿交叉的动作，除非你穿的是“A”字形连衣裙或及脚长裙，否则也会传递出一种消极的心理情绪，对谈判不利。最好提醒自己保持一种膝盖并拢的正规姿势，令自己看起来比较有教养。而且，女性在商务场合应尽量穿合适的服装，否则看似简单的腿部动作就会告诉别人你的想法及自己对对方的好恶。

一个充满消极意义的腿部姿势，有时在他人看来也代表着你是个戒备心强或处世消极的人。因此，平时应积极锻炼自己，保持积极、自信的身体姿势，不仅有利于提升自己的自信心，增加自己的人格魅力，还能让他人对你的印象大为改观。

3. 脚的动作也能反映你的内心活动

同人体其他部位的动作一样，脚部的习惯性动作也有着自己的语言，同样可以反映一个人的性格特征。

通常来说，描述脚部活动的形容词很多，这些形容词大多是描述脚步的轻重缓急等，而这些动作反映的就是我们内心的沉稳、慌乱、宁静、焦虑等情绪。我们的心情有好有坏，走路的姿势、脚步的轻重也都各不相同。例如，“暴跳如雷”指的是快节奏和重节奏；“春风得意马蹄疾”指的是一种快节奏和轻节奏。脚步的这些节奏，也是我们内心情绪的外在体现。人在心情愉快时，脚步声往往轻松悦耳；而感到烦恼苦闷时，就会步履沉重，脚步声也不再和谐。试想，一个十万火急的人，怎么可能迈着四方步优哉游哉呢？

人的心理趋向也往往可以通过脚部活动泄露出来，如在站立时，我们脚尖所指的通常是心理趋向。英国心理学家莫里斯举例说：如果有三个男人站在一起聊天，看起来谁都没有理会旁边的漂亮女生，但实际上每个人都有一只脚指向她。他们的热烈讨论其实只不过是一个假象而已，都是想要隐瞒自己的真实想法，可他们的脚部活动却泄露了内心的秘密。

2004 年 3 月，英国首相布莱尔对利比亚进行了访问。在利比亚首都的黎波里郊外的一个帐篷中，布莱尔与利比亚领导人卡扎菲握手寒暄，且交谈甚欢。可是，一位英国的“肢体语言”专家却提出了一个令人非常震惊的观点。他认为，双方会晤时有很多细微的动作，而这些细微动作，尤其是利比亚领导人卡扎菲的肢体动作，流露出他内心其实并不将布莱尔放在眼里的情绪。这位专家指出，布莱尔和卡扎菲在帐篷内坐定后，布莱尔的双手放在膝盖上，身体自始至终都保持端正。而卡扎菲却靠在沙发的靠背上，漫不经心地看着布莱尔，并高高地跷起自己的左脚，左脚脚尖朝向布莱尔，不断地晃来晃去。在阿拉伯文化中，脚上穿的鞋子被认为是不洁之物，而脚尖指向别人则表示对对方的轻视和侮辱。因此，专家认为，卡扎菲的这个动作表达了他潜意识中对布莱尔的轻视，他根本就不曾将布莱尔放在眼中。

由此可见，我们脚部的动作在很大程度上都体现着内心的所思所想。比如，我们在与他人面对面站着交谈时，如果我们与对方十分靠近，且与对方的脚尖相对，那么我们与对方的身体就会构成一个密闭的空间，这说明我们与对方很谈得来，不希望被别人打扰；相反，如果我们与对方的脚尖位置呈直角，或是以60度左右的角度分开站立，那么呈现出来的关系就不太深，即使聊得很开心也不一定是互有好感，很可能只是单纯地应酬而已。

在社会交往过程中，如果不注意自己的“脚语”，就可能被别人看透内心，使内心的秘密在不知不觉中流露出来。

4. 走路速度，展现你的个性特点

从蹒跚学步开始，我们走路的基本姿势、特点、速度等就形成了，这不是父母所教的，而是与我们的个性特征有着密切的关系。走路的速度有快有慢、有缓有急，代表的含义也各有不同。通过这个特性，我们的内心也会在无形当中表露出来。因而，我们在走路时要小心腿脚，不仅为了防止跌倒，还要防止泄露自己内心的秘密，因为一些动作会在不经意中将我们"出卖"。

如果走路时步伐稳健，不慌不忙，即使碰到十分紧急的事，也能步履沉稳，那你给人的感觉与你的步伐一样——很"稳"。在别人眼中，你是个精明、稳健、能干、务实的人，做事也会三思而行，不好高骛远。而且，你还比较重视信义和承诺，是一个可以信赖的人。

如果走路时步伐急促、匆忙，就会给人一种性格比较急躁、做事认真负责、行动很有效率的感觉。在别人看来，你在遇到麻烦时一般不会推卸责任，而且你精力充沛，观点新颖，喜欢面对一些挑战，是一个能接受挑战的人。

比步伐急促的速度更快的走路速度，就是冲锋型的了。这种人举步急速，性格也显得比较急躁。不过，倘若你习惯于走路"冲锋"，那么你给别人的印象应该是个做事从不瞻前顾后、不轻易被困难吓倒的人。不论遇到什么样的困难，你都会尽量解决，因此是个典型的工作能手。

如果你是个端庄秀丽的女性，平时走路时来也匆匆去也匆匆的，而且脚步有时会显得凌乱，那你给人的印象应该是个性格爽朗、心直口快的女性，工作办事也很认真、务实，所以工作上也比较容易取得成绩。

平时走路时脚步轻快，一副悠闲自得的样子，那你一定是个身体健康、精力充沛、充满活力的人。在工作上，你会给人一种为人处世公平、绝不会以私害公的印象；在行事上也以不愧于天下为原则。假如你是个领导，那你一定可以赢得下属的信任和爱戴。

走路时斯斯文文的，双足平放，双手自然摆动，不会忸怩作态，你的性格应该是比较温顺胆小的，有时保守得近乎顽固。在他人看来，可能你是一个随遇而安的人，没什么远大的理想，对未来也不抱太多美好的希望。但是，你遇事冷静沉着，不轻易发怒，这又是让他人很欣赏的一面。

倘若你走路时经常举步缓慢，甚至有些踌躇不前，看起来像在思考什么一样，又好像前面有陷阱似的，那么你会给人一种做事顾虑重重、拖泥带水的感觉，不够利索，有时简直有点杞人忧天。不过，你对朋友倒很不错，因为你的个性决定了你交友时就很谨慎，但只要认定对方是你的朋友，你就一定会对其推心置腹。

还有的人走路时像玩似的，一点都不规范，这是一种非常外向的人，对周围的事物都很感兴趣，乐于接受各种各样的意见，但通常又对什么事都不会很认真，因而也会被他人称为“曲线型人”。

5. 走路姿势“出卖”你的个性与心情

一位行为学家明确指出：“在一般情况下，要想判断一个人的思想弹性如何，只要让他在路上走走，就可以基本了解了。”一个人的心情不同，走路的姿势也会不同，此外，每个人的秉性各异，走起路来自然也有不同的风采。

走路时上身微倾，而不是昂首挺胸，你给人的感觉通常是平和内向、谦虚而含蓄的，一般不会太张扬，也不太善于言谈，更谈不上花言巧语了。在与人相处时，你表面上通常沉默冷漠，而内心却非常重情义，一旦与某人成为知己，你便是至死不渝的。

与上述走路姿势相反的，就是走路时昂首阔步、抬头挺胸、大步流星。如果你刚好属于这一种走路姿势的人，通常你会给人一种比较自我的印象，做事以自我为中心。但可贵的是，你做事常常能善始善终、有条不紊，因而在工作上也能取得不错的进步。

走路时拖拖拉拉，拖着步子、低着头，不管前方何路，只管低头拉车，这种姿态，肯定会给人一种萎靡不振、沮丧的感觉。很多快要走向绝境的人，就常常会有这副表现。

要是你走路时步伐整齐，双手规则地在身体两侧摆动，就像军人走路一样，那你在别人眼中通常都会是个军人一般的人，坚强、整洁、说一不二。不过，你在决断一些事情时也会偏重主观，甚至有点过于武断和执著，认定的事就不易被他人所动。有时，你为了达到自己的目标与理想，很可能会不惜一切代价，甚至牺牲一切。

有些人行走时喜欢左右观望，目光游离不定，就好像做贼一样，躲躲闪闪的。其实，这是一种自卑心理的表现。如果你恰好就是这种走路姿势的人，那么你平时应该不太善于与人交往，却很在意自己在别人眼中的形象。而且，你通常还有点自作聪明，喜欢占点小便宜，所以人缘可能不会太好。

有些女性走路的姿势都是款款摇曳的，腰肢柔软，左右摇摆。事实上，这种走路姿势的女性个性并不风骚放荡，相反，多数人为人善良，坦诚热情，而且很容易与人相处，对朋友也很看重。在社交场合中，这种女性还会成为颇受欢迎的中心人物。不过，如果你是位男性，采取这种走路姿势，左摇右摆的，可能给人的印象不会太好，别人会认为你装腔作势，善于谄媚，是个小家子气的男人，故而你可能不太讨人喜欢。

还有的人走路时感觉就像喝醉了酒一样，步履蹒跚，左摇右晃。但是，他却并非真的喝醉了，这种动作是一种性格的表现。如果你是这种人的话，那你在他人眼里应该是个心地善良、慷慨好施、不求名利的好人。你喜欢热闹，又很健谈，因此人缘极佳。但你也有一点小小的缺点，那就是思想简单，做事有些粗心大意，因而也常常会闹出一些笑话来。

6. 走路时，注意你的双脚形状

走路时，每个人的双脚姿势各式各样，如脚尖朝内的“内八字”形或脚尖朝外的“外八字”形等等，每一种脚部的形状都透露着人们不同的个性和心理。

通常来说，如果你走路时双脚形状比较随意，没有什么特定的形状和姿势，会给他人一种慷慨随和的感觉，一般都会认为你不拘小节，大方豪爽，而且比较讲义气。不过，有时你在与人争执时，往往会夸大其词，而且得理不饶人，这种作风有时难免会得罪人。

走路的时候，双脚向内勾或向外撇，形成“八字形”，分别被称为“内八字”和“外八字”。如果你属于这一类型，那么你可能是个不太爱交际的人，人际关系不是很理想。不过你比较聪明，而且做事喜欢不动声色，企图一鸣惊人。但因为性格比较保守，所以一般在事业上较难成功。

如果你在走路时脚尖是向内的，通常你会给人一种做事拖拖拉拉、扭扭捏捏的感觉，而且没什么主见，缺乏魄力，是个典型的慢半拍形象。在多数人面前，你甚至不敢开口发表意见，因为怕惹麻烦，故而你比较喜爱孤独，人际关系也不太好，在领导面前也不太受到重用，也几乎没有升迁的机会。

与走路时脚尖向内相反的，就是走路时脚尖向外的人，其性格也正好和脚尖向内的人相反。你有自己的观点和看法，做事积极认真，不会畏畏缩缩。面对困难时，果断明快，应变力强，因而是一个难得的将才。在别人眼中，你性格开朗，待人诚恳，因此人缘好，朋友多，大家都喜欢同你交往。

走路时，走姿轻飘飘，脚指头不着地，通常会给人一种身躯飘浮的感觉。不过，你的头脑却比较冷静，城府较深，甚至会给人一种老奸巨猾的感觉。而且，你对钱看得也比较重，帮助别人之后通常都会索要比较高昂的酬金，是个典型的功利主义者。

还有一种双脚踏地型的走路姿态，也就是走路时胸膛挺起，举步快捷，而且双足落地有声。倘若你是这种类型的人，那么你应该是个胸怀大志的人，对事业和未来有着美好的憧憬，同时你也有积极的进取心，而且肯努力肯坚持，多数时候都能事业有成。不仅如此，你还是个理智与感情并重的人，心无城府，坦率真诚，想什么就说什么，因此也拥有非常不错的人际关系，属于比较理想的防御人才。

由此可见，每个人在走路时，双脚都会呈现出不同的形状，这些也成为你个体形象的代表，成为别人了解你、洞悉你内心的肢体语言。因此，如果你不打算被人轻易看透性格和内心想法，在走路时也要适当注意，学会“掩饰”自己的肢体语言。

7. 与对方的空间距离，展现出你的内心活动

与对方的空间距离展现不同的内心活动。

你可能有这样的经历：当你漫步在人行道上，慢慢地靠近某个人，到一定距离时，这个人就会有意无意地躲避你，拉开本已缩小的空间距离。这说明，当人们在与他人相处时，都会力图保持一定的空间距离。

每个人在心理上都有一个将自己圈住的个体空间，它就仿佛一个无形的“气泡”，为自己占据着一定的“领土”。一旦这个“气泡”被人侵犯了，你的内心就会产生不舒服或不安全感，就会通过变换自己的位置来逃避不快。之所以如此，就是因为这种情绪给了你消极的心理暗示，使得你对这个人产生了不好的印象。鉴于此，在与人交往时，你应该适当调控自己和别人之间的身体距离，以达到积极的心理暗示的效果。例如，如果你是一位男士，在刚认识一位女士时，即使对对方有好感，也应保持礼貌的距离，否则触动了女士的敏感神经，反而不利于你们的进一步交往。

从距离上还可以测出对彼此的接受程度，在与对方谈话的时候，如果你刚一接近对方，对方马上采取一种逃避的防卫态度，那么就充分表露其拒绝的心意。而如果谈话中途为了非必要的原因而退席，也表示对方没有再谈的意思，因此急于与你保持身体距离。同时，为了引起对方的注意，以加强自己的说服力，在谈话时还应尽量保持单手即可触及对方身体的距离。这种距离是朋友之间的距离，如果能与对方保持在这个距离之内，便可以很容易地将亲切和热情传达给对方。

双方之间距离的变化，也能透露彼此的亲密程度。如果你与女友的关系

进展顺利，那么你们彼此之间的距离变化应该是呈由社会距离到个体距离再到亲密距离的渐进改变。相反，如果约会多次，却无法彼此拉近距离，那么你与对方就需要重新审视彼此的关系了。

这就告诉我们，在人际交往中，我们与对方的空间距离十分重要。有一位美国姑娘，意外地拒绝了一位小伙子的求婚，理由十分简单，就是小伙子在求婚时竟然与她相距 2.5 米，这令她感到十分恼怒，因而断然地拒绝了。那么，什么样的距离是交往中最合适的空间距离呢？研究人员通过实验制定了一个很有趣的人际空间距离尺度，通常认为彼此之间相距 45 厘米是最适于调情和亲密交谈的距离。

45 ～ 60 厘米的距离，是属于私人的空间距离，即个体企图维持自己私人利益所需要的适当距离。比如，妻子可以很自然地待在丈夫的私人空间内，但如果其他女性进入这个空间，她就会醋意大发。这个私人空间距离也可以延长到 80 厘米，基本与人的手臂等长，这个距离主要适用于个人问题的讨论。

而 80 ～ 120 厘米的空间距离，则适合于同事之间的交流，而在正式场合会谈的人们在交谈时所保持的距离则为 210 ～ 360 厘米。这就是上述故事中美国姑娘拒绝小伙子求婚的原因，她认为对方并没有将自己当作恋人，而是一种“会谈”伙伴。

由此可见，从我们与对方的空间距离上，别人也能判断我们的内心活动，知道我们是否重视对方，是否将对方视为知己，等等。

与对方的空间距离展现
不同的内心活动

8. 如何巧妙打破“身体领地”的界限

巧妙打破“身体领地”的界限。

在与他人交往时，我们如果过分侵入对方的“身体领地”，就会令对方感到不舒服，甚至认为我们不够礼貌。但是，凡事都有两面性，有时适当地打破“身体领地”的界限，侵入对方的“身体领地”，反而会令我们的人际关系更和谐。

你在与某人交往过程中，如果一直注意与对方保持一定的距离，时刻注意自己不侵入对方的“领地”，那么，你们的关系可能无法变得融洽、自然。虽然你的行为令对方感到你很有礼貌，但你却始终不能与对方发展进一步的交往关系，因此仅能成为对方普通朋友中的一个。

其实，在与对方交往时，恰当而有意识地进入对方的“身体领地”，可以让对方逐渐接纳你。只有你与对方的身体空间逐渐缩小，你与对方的关系才能有所突破。

生活中这样的例子很多，尤其是男士们，可能会经常向朋友诉说：“原本我与心仪的女士在一起时，虽然大家都很愉快，但总感觉对方仅仅将我视为一个有礼貌、有教养的普通朋友。而让我觉得不可思议的是，一次偶尔的打闹，无意的身体接触反而令我们的关系取得了很大的进展。”其实，这就是因为侵入了对方的“身体领地”，使得双方的关系变得更加融洽、自然的缘故。

每次与朋友见面时，你是不是只会与对方握握手？如果如此，那么你们可能永远都只能是点头之交。但是，倘若能偶尔搭搭肩膀或拥抱一下等，以这些动作侵入对方的“身体领地”，反而能令你们的关系变得愈加亲密起来。

有个老师，因为一个学生特别调皮而烦恼不已。不论用什么方法，都无法改变这个学生对学校和老师的冷漠态度。这位老师也想了很多方法改善与这个学生之间的关系，可都无济于事。一次，老师凭借着对身体语言的透彻理解，策划了一个打破身体距离来征服这个学生的方案。在一节体育课上，老师设计了一个游戏，在游戏中，他扑倒这个学生。然后不停地搔痒他。老师这样做无疑是严重侵犯了学生的“身体领地”，因而这个学生不断反抗。但老师非但没有结束，反而更加用劲。这之后，这位同学逐渐对老师表示了友好，并最终和老师成了很好的朋友。

由此可见，适当地侵入他人的“身体领地”对改善彼此的交往有很好的效果。在生活中，有些高明的管理者也会采取这种方法激励员工，比如平时他们会与你保持一定的距离，但突然某天，他采用拍肩膀、握手等方式侵入你的“身体领地”。这时，你可能不但不反感，反而觉得这是莫大的礼遇。一个不是特别礼貌的行为，反而可以让员工感到被信任和重视。

但是，侵入别人的“身体领地”也要注意技巧和方式，不要刚刚与对方见面就急于进行。只有把握适当的时机，才能试探性地进入。如果对方表现出反感，一定要马上停止。但是，如果对方身份地位较高，这个方法可能不太适合，而且还可能弄巧成拙。

巧妙打破“身体领地”的界限

9. 睡觉的姿势体现出来的性格和心理

一个人的睡觉姿势，是一种直接由潜意识表现出来的肢体语言。无论你是熟睡还是假装睡觉，睡姿都可以体现出你隐藏于内心的某种思想感情。

睡觉时习惯仰卧的话，你应该是个心胸开阔的人，而且自信心和安全感也较强，对他人充满信任，并容易受到一些新思想的影响，因而你会有不错的人际关系。通常你也不太容易在外人面前过分表露自己的情感，别人一般不会轻易看透你。

相反，如果你习惯俯卧睡觉的话，你的个性心理也与仰卧睡觉者恰好相反，给人的感觉是个性比较含蓄，经常对生活感到忧虑，容易自寻烦恼。当然，你对自己还是有比较清醒的认识的，知道自己是谁、在做些什么。对于所追求的目标也能够坚持不懈，并有信心和能力去实现它。你的随机应变能力较强，比较懂得如何调整自己。另外，你也会比较好地掩饰自己的情绪，而不让他人轻易看出破绽。

习惯侧卧睡觉的人，在他人眼中是个性格稳健的人，了解自己的优缺点，而且处世也比较谨慎、自信、乐观。虽然有时你可能会感到焦虑，但却不会轻言放弃。而且，你还可能是个快言快语的人，有时得罪了别人你自己可能都不知道。不过，总体来说你还是会给别人留下不错的印象，觉得你是个很爽快的人。另外，倘若你在侧卧时，还将双脚、小腿和膝盖部位并拢起来，那么你在生活中应该是个处理各种关系的能手，也能够在生活和工作中保持一定的一致性，尽量按照别人的要求来完成工作，并因此而获得别人的好感。

如果你在睡觉时经常将身体半蜷起来入睡，类似婴儿的睡姿一样，那你可能是个缺乏安全感的人，比较软弱。在别人的眼中，你的独立性比较差，对某些熟悉的人或物有较强的依赖心理，而对陌生的人或物则充满恐惧。在处世方面，你有些缺乏逻辑思维能力，缺乏统筹规划，所以总给人一种办事不力的印象。

喜欢睡在床边的人，有时可能是因为觉得缺乏安全感，但也会比较理性，能够控制自己的情绪，尽量让自己的情绪不外露出来，因而别人也不太容易看透你的内心。你的容忍能力较强，即使遇到很令人生气的事，如果没有达到一定的极限，你也不会轻易反击和动怒。

睡觉时，脸部朝下，两臂摆在头部两侧，膝盖蜷缩起来，藏在胸部下方，背部朝外，采用这种睡姿的人，一般都具有很强的防卫心理，这种心理时刻都存在在你的内心，随时准备出击。在他人眼中，你的自主意识过强，不会轻易接受或听从他人的意见，更不会向权势低头。如果有人强行要求你做什么，你就会采取必要的措施来保护自己。

不过，别人要想获悉你的睡姿，通常都会与你有十分亲密的关系，这样才可能观察到你在睡眠时的肢体动作。如果你不想因为睡姿而暴露个性和心理的话，在与他人共处一室休息时就要多加“掩饰”。

10. 微妙的腰部动作也是无声的语言

对于人身上的肢体来说，腰部是相对笨拙而无声的。但是，它却同样是相当有吸引力的，尤其女性更是如此。相对于男性来说，女性的腰部语言要微妙得多，腰部也成为女性除了臀部和胸部以外最性感的肢体部位。男性的腰部动作也会体现出一定的内心活动，但与女性相比还是逊色得多。

众所周知，弯腰行礼是日本女人的见面礼。我们发现，弯腰后形成的肢体曲线是柔美的、温顺的、流畅的，从而给人一种非常礼貌的感觉，让人感到很受尊重。因而，在必要的时候，学会弯腰行礼的你显然会给人一种很有修养、很尊重对方的感觉。

与弯腰的动作相反的，就是挺腰，而且所传递出来的意思也与弯腰正好相反。挺腰通常是表示我们的内心充满自信，而且情绪高昂。如果在与对方对峙时用力挺直身体，使身体增高，同时也提高一些腰部的位置，则是一种对对方的恐吓，表示不管对方采取什么手段，你都有把握赢对方，这个姿势其实是试图造成一种视觉强势让对方屈服。如果你经常以这种方式站立、行走或坐下，那么你通常会给人一种具有较强自信心和自尊心的印象，并且有较好的自制和自律能力。不过，你的性格也比较固执，而且对新鲜事物的接受能力较弱。

如果你是一位女性，那么挺腰的动作就包含好几种意思了：一种是在炫耀自己的精美首饰或漂亮衣服，这是一种虚荣心的流露，在某种程度上甚至还是一种淫荡的心理暗示；而另一种则是不以为意的表现，根本不把对方放在眼里，即便是假装看不起对方，也要抬高自己的身价。

前面我们曾提到过，女性做出将双手叉在腰部站立的姿势，一般会给人一种“母夜叉”的感觉。事实上，这是一种双向的对外扩张，表示你内心充满了愤怒或力量。对于女性来说，最好不要采取这种肢体语言和动作，因为这种姿势很容易给人一种泼辣、霸道的感觉。而对于男性来说，这种腰部动作是比较常见的，它表示的是一种自我领地的扩张，以及对他人的防范与示威。在别人眼中，你是强势的、占有欲较强的。

倒叉腰的姿势与叉腰相似，只是两只手拇指所呈现的方向不同：叉腰时拇指向后，手掌呈正八字形，倒叉腰拇指向前，手掌呈倒八字形，并且还要将手插入裤腰部位。这表示你感到有十足的优越感，同时也有一种吸引异性的心理倾向。

抚摸腰部是一种自我安慰的动作。如果你常常觉得自己缺少他人的安慰和爱，就可能做出这种动作来。这种自我抚摸既是一种自我安慰的行为，也是一种亲切的自我暗示，目的是为了让自己的内心获得温暖。通常情况下，你给人的感觉是比较孤僻、冷漠的，人际关系可能也不太融洽。

还有一种常见的腰部动作就是扭动腰肢。凡是女性扭动腰肢或扭动臀部，都蕴含着招惹异性的信号，希望引起男性的注意和青睐。

11. 抽烟的姿势与动作显露内心

如果你是一位男士，那么你可能经常用抽烟来调节内心情绪、缓解压力。当然，每个男士吸烟时都有不同的姿势和动作，这些姿势和动作也与其他肢体语言一样，可以反映出我们的性格特点和内心活动。

如果你在吸烟时习惯将烟夹在食指和中指后端，在朋友看来，你可能是个做事比较谨慎稳重的人，考虑问题一般也会比较周全。而且，你具有比较执着的个性，对目标会坚持到底，不会轻易改变和放弃。如果别人想改变你的看法，除非他们能提出充分的理由，否则只会让你更加坚持己见。因此，你的这种个性在别人眼中有时就成了一种固执己见的表现。

把烟夹在食指与中指前端的人，多会给人一种随和的印象，能够与朋友和睦相处。不过，你办起事来却有些优柔寡断，缺乏决断力，并且容易受到外界的影响，做事急躁，缺乏必要的思考和准备。你的这些表现常常让他人觉得你办事不力，不足以委以重任，这在一定程度上会影响你的前途与发展。所以要想获得更多的机会，还需要再接再厉，不断完善自己。

另外，有些人吸烟时除了将烟夹在食指与中指前端外，同时还将大拇指抵在下巴上，这是一种内心强烈欲望的展现，会给人一种意志力坚强、对朋友很认真的印象。不过，你不会轻易向别人透露内心想法，同时也不太善于表达自己内心的感受，因此在朋友和同事的眼中你显得有些顽固和难以理解，大家会觉得与你相处起来有些难度。若你喜欢把烟叼在唇间，而双手却在做着其他的事情，那你差不多是个典型的工作狂。你总是能将全部的精力都投入到工作当中，并且对自己的事业充满自信，有时也喜欢在公开场合炫耀自己的成就，然后享受他人的追捧。在他人看来，你的自我感觉有点太良好了，有点爱慕虚荣，喜欢追名逐利。不过总体来说，你给人的印象还是不错的，因为你有所追求，而且肯努力，所以发展也会很不错。

还有种人喜欢昂着头将烟吹向斜上方，这是一种非常高傲、轻视别人、充满挑衅的姿势，显得比较反叛、有攻击性，因此不太招人喜欢。有时你还有些自以为是、唯我独尊，不懂得尊重人和关心人。大家都觉得，必须先杀杀你的傲气，才能真正静下心来同你交流。所以，你在朋友们眼中的印象并不太好。

与之相反，就是将烟吹向下方或旁边的人，这属于一种很会体贴人、乐于照顾他人心情和感受的人。在朋友们的眼里，你随和亲近，待人真诚热情，也乐于接受别人的关心和友谊，并以帮助他人为乐。所以。你是朋友们眼中的“老好人”，大家都很喜欢与你交往，你也会拥有比较不错的人际关系。

12. 等电梯的姿势，反映出你的性格特点

等电梯的姿势暴露你的性格。

在繁华的都市中，高楼林立，人们上下楼都离不开电梯。要知道，在等电梯时，我们的身体姿势，也会反映出我们的内心活动和性格特点。

比如，当我们与几个不相识的人一同搭乘电梯时，彼此之间都会感到有些不知所措，这种心理是一种普遍存在的社会心理。因为当我们身处公共空间时，都需要有一个可控的安全范围。举例来说，当我们一个人走在大街上时，与形形色色的人擦肩而过，我们并不会产生异样的感觉，但如果有个陌生人与我们肩并肩地走在一起，我们就会本能地放慢脚步，甚至心里会开始猜测一些侵害行为或一些无稽事件的发生可能。

类似的心理活动，都是由人的本能决定的。明白了这一点，我们就应学会与他人保持一定的安全距离，尤其是在乘坐电梯时，与他人保持恰当的距离是一种礼貌行为。然而，在封闭的电梯空间中，人与人之间的距离不得不靠得很近，彼此也会产生一些心理反应。这与拥挤的公共汽车和地铁一样，封闭的空间及靠得较近的距离，都会令人感到自身的安全正在受到某种威胁。如果电梯是透明的，这种心理上的刺激还会减少一些。

在等电梯时，我们不可能始终都保持立正的姿势。不同的人，在不同的场景下也会做出各种不同的反应。而我们在使用电梯时的一些行为及肢体动作，也能流露出一些心理活动，并成为别人窥视我们性格的窗口。

在等电梯时，如果我们不停地按电梯按钮，给人的印象就是性格较急躁，缺乏耐心。有时还可能比较情绪化，做事喜欢以自我为中心，容易忽略

周围的人或事。但这样的我们可能具有较强的时间观念，做事雷厉风行，讲求效率，因此是工作及业务上的好手。

如果我们喜欢东张西望，或者抬头看着天花板，那么，我们给人的印象可能都会比较理性、稳重，心思缜密，做事也小心谨慎；而且，是不太爱惹麻烦、管闲事，也不喜欢做冒险事情的人，因而在他人眼中可能有点缺乏热情和创造力。

与抬头看天花板的动作相反，低头看着地面的人，会给人一种心理防卫意识比较强的感觉，不轻易向外人透露自己的内心世界。这种人在人际关系上比较谨慎，朋友虽然少，但很精；交际不广，但却能与他人培养起深厚的感情。

如果我们在电梯外面不由自主地来回踱步或在地面上跺脚，那么，在他人眼中我们可能是比较敏感甚至略带神经质的人，内心世界丰富，洞察力也强，也比较相信自己的直觉和判断力。倘若再有些艺术才华，很可能会在这方面有所成就。在朋友们看来，我们应该是既理性又感性的人。

可见，日常生活中不经意的肢体动作，也能够透露出我们的个性和心理。如果平时不太注意这些，他人就可能通过我们表现出来的这些肢体姿势和动作洞悉我们的内心活动。

等电梯的姿势
暴露你的性格

第七章

弦外之音：语音语速背后的秘密

就算是高手也有失算的时候，狐狸也有打滑的时候。语言是最容易被人用来伪装自我的一个工具，但是，即使技巧再高超，碰上了微表情破解高手，那也只能如同被钉住七寸的蟒蛇一样，本事再大，也无法脱身。没错，语音语速就是揭穿他人心思的利器！那些话多速度又快的人究竟想表达什么？打电话声音猛然提高的人有什么性格缺陷？现在就是见证其解的揭秘时刻！

1. 说话前清喉咙可能是在掩饰情绪

说谎或掩饰真实情绪时，人们习惯用手接触脸部以获得安慰。也有的人因为刻意规避而跳过此细节。不过，无论男女在说谎时都会刺激唾液的分泌量，男人的喉结会使吞咽口水的动作更加明显，微笑更少。对于男性而言，清喉咙的明显动作是喉结跳动，通常喉结跳动是焦急的信号。它也用来展示吞咽或者抑制，这一点在很多影视剧与动画里被频繁应用。

在比较正式的场合，说话开始时总是清喉咙的人，多是紧张和不安的情绪所致。说话的过程中不断清喉咙的人，可能是为了变换说话的语气和声调，还有可能是为了掩饰自己内心的某种焦虑和不安。还有的人在说话过程中并不是不断地清喉咙，而只是偶尔一两次，这多半是表明他对某一个问题并不是特别认同，还需要仔细认真考虑。

需要注意的是，故意清喉咙有时还是一种警告的表示，是为了表达自己的某种不满情绪，同时也包含着向对方示威的意思，告诉对方自己可能会不客气。总而言之，如果一个人说话的时候，不断地清喉咙，那说明此人对自己的话根本就没有把握，他只是在发表自己的观点，而且这种人具有杞人忧天的倾向。

为什么人在掩饰情绪时会做出说话前清理喉咙这一动作呢？原因有很多。

比如我们不喜欢周围的事情，不喜欢自己的所见所闻，或被迫谈论一些隐私话题等等。人们在掩饰自己的不舒适时首先会表现在生理上，这是边缘大脑觉醒的结果。这时，我们的心率会加快，头发会竖起来，会大量流汗，呼吸也会加快，这些生理反应是自发出来的。除了这些，身体也会通过非语言形式来表现我们的不舒适感。如，我们会将身体轻轻移开，以起到阻隔或保持距离的作用，还会重新调整自己：或者轻轻摆动双脚、扭动屁股，或者用手指敲打某物。

另外，当我们感觉不舒适时，声音可能会变调，听起来会前后不一致。因为压力使我们感到口干，这时吞唾沫也变成了一件很费劲儿的事。掩饰情绪的人的喉结可能会突然上下跳动，同时伴随着清嗓子的动作，可能是一下，也可能是连续几下。

记住一点，当某人在做这些行为的时候，肯定是困苦的信号，但却不一定是欺骗的信号。十分诚实的人在法庭上作证时几乎做出了所有上述动作，这只是出于紧张，而不是因为他们在说谎，因此，我们要根据具体环境去译解各种紧张和压力的信号。

如果你是人事方面的负责人，希望通过这种线索来观察面试者，建议找一个清楚的视角。最好可以在一个能够看到对话人整体的环境中进行，即不要在双方之间设置任何障碍，这样便能更加全面地观察对方。在观察、询问的过程中，要注意适当停顿，不要连珠炮似的问问题。如果你的急躁或鲁莽引起了对方的反抗，你想准确地发现欺骗行为的希望就会落空。

2. 话多速度又快的人都很单纯

我们经常会遇到说话速度很快的人，只要他们一开口，就没有停下的意思，而且常常在别人没有完全理解时就戛然而止。这种类型的人通常会自以为自己热诚、能说会道。其实，这往往显示了他们思想单纯、没有心计。

说话很快的人除了语速快，还有一个显著的特点是音量很高。对于说话者自己来说，因为说话的速度太快，肯定没有足够的时间思考自己的言语，顾虑别人的反应和感觉。这样，说话者自己泄露的东西太多，招致对方的误解也会很多。此外，说话像放连珠炮似的这种人将交谈变为个人脱口秀专场，说话的时候“唯我独尊”，会招人厌烦。这些都表现出这类人说得多想得少或先说后想的单纯性和直接性。

通常，小孩子发现一件事情或玩得兴趣盎然时，会不假思索、语无伦次地对家长或他人将自己的所见所闻一股脑儿地说出来，就像放连珠炮。他们就是我们身边思想最单纯、也最没心计的人。

我们说话的目的就是要让对方领会自己的意思，但说话像放连珠炮的人由于说话太快，会使听众疲于追赶他的思维节奏，感觉很累。而如果对方不能确切地把握其听到的内容，会使得双方造成不必要的尴尬，甚至是误会。在工作以及生活中，这种人都会因为雷厉风行和心直口快的性格而容易获得他人的好感。但同时，他们也会因为说话时没有顾及别人的感受而得罪人，或表述不清、话语太多而遭人反感，言多必失，到头来自讨没趣。

因此，我们在与说话像放连珠炮的人交往时，不要因为他们的话语伤着了自己就误解甚至记恨对方，也不要因为厌恶这种说话方式而回避他们。殊不知，这类人是最没有心计的，且他们思想单纯，值得交往和信赖。

如果因为对方说话快、声音大，而感到自己没有说话的空间或机会，不如尝试用幽默来打破这种僵局。如约会的时候、面试的时候、主持会议的时候、和陌生人一同进餐的时候，因为许许多多意想不到的事件，人们常常会陷入僵局。这种时候，有些人会为此尴尬万分、大为失态；有些人却能悄然化解、轻松摆脱；而有些人则能适时地用幽默化解僵局，让大家都松一口气。这些善用幽默打破僵局的人，大多数反应能力都比较强。

善用幽默打破僵局的人，总能在第一时间感觉到某种不和谐的气氛，并且想到用合适的话语来打破僵局。这不仅能使当时的气氛得到缓和，还可使尴尬或气恼的双方都有台阶可下。这种人，不仅观察事物的能力强，而且具备机智、敏捷的判断力。

3. 说话慢又带口头语的人较成熟谨慎

说话慢又带口头语的人较成熟谨慎。

有这样一些人，在交谈时，他们经常会停下来，放慢语速说“这个”，然后仔细分析一下。我们不难发现，这类人说话办事都比较谨慎。

经常使用“这个”“那个”的人，可能是由于自身掌握的词汇少，或是思维慢而导致的，是他们在说话时利用这些词作为间歇的方法形成的口头语。

那些说话时带有“这个”“那个”口头语的人，一般比较和蔼亲切，待人接物时也能做到客观理智，冷静思考，认真分析，然后做出正确的判断和决定。而且，他们不独断专行，能够给予他人足够的尊重，反过来也会得到他人的尊重和爱戴。也可以说，这类人反应比较迟钝或比较有城府，因怕说错话，需要间歇来思考。

语言是人际沟通的载体，人们借助语言进行思想和情感交流以达到相互了解的目的。通常，单位的领导者或团队的主管，讲话的时候总是逻辑严密、不慌不忙，这可不单是因为他们有卓越的管理能力，更主要的是因为这些人说话的时候有自己的主见。一方面，讲话慢容易让人有更多的思考时间去理解话语真正的含义，这样也有利于自己和对方进行有效沟通；而讲话快的人，基本上只顾着自己表达，无暇在意别人是否理解他的意思。另一方面，讲话慢的人，在讲话的时候会考虑好自己的言语或表达方式后再说出来，即“三思而后行”。这样更容易表述自己的意思，可以提高和对方沟通的效率。

说话慢条斯理的人的心理很成熟，面对问题的时候不会鲁莽和急躁，有自己的主张和见解，不会事事都询问他人。当然，也决不是从不听取别人的建议。这是因为这种人通常头脑极为冷静，能看清事态的发展和变化，关键的时候能拿主意，但决不是逞能。说话慢条斯理的人，工作起来效率不一定是最高的，但他们会兼顾质量与效率，能做到随机应变。他们在生活中也比较沉稳，做事有计划、有条理，不至于活在忙碌和烦躁当中。

因此，与说话慢条斯理的人交往的时候，你不要妄想轻易说服这样的人，因为他们很有主见，不会随意改变自己的主意。当然，也千万不要急于亮出自己的底牌。否则，对方会将事情策划得更加周密，好像什么事他都可以胸有成竹，会使你难以回旋并徒增心理压力。

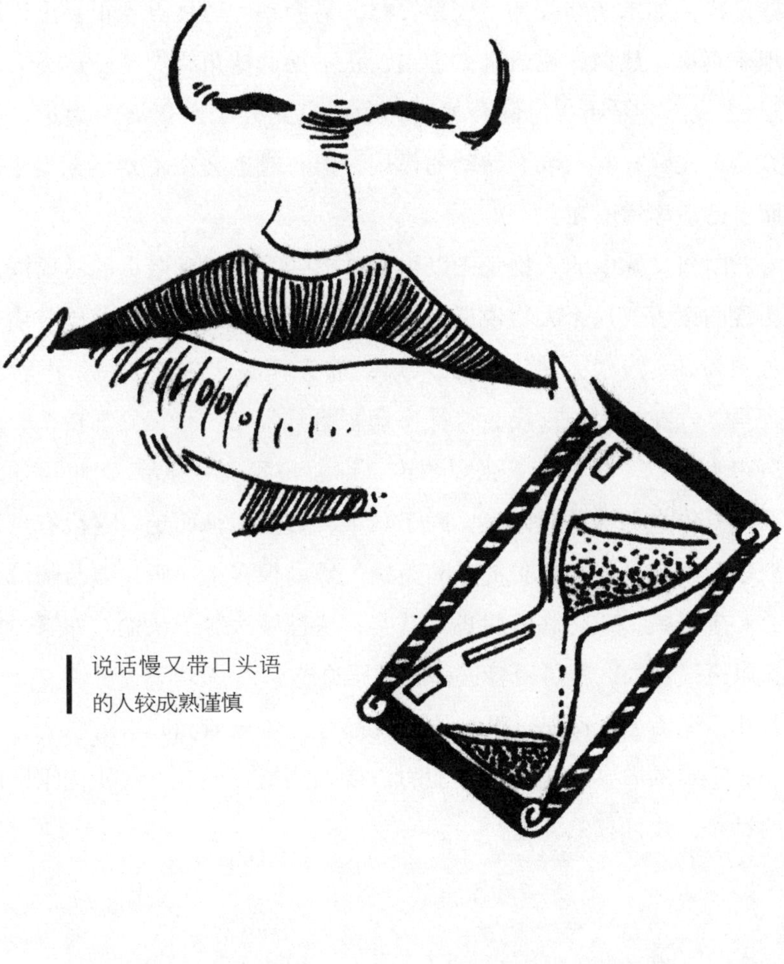

说话慢又带口头语
的人较成熟谨慎

4. 音量高讲方言的人性情多粗犷

有些人天生嗓门大，说起话来声音很响，如果一激动，旁人听着像吵架。这种高声大气是人们用来召唤、鼓动、说理、强调和表达自己激动心情的声和气，可以表现出说话者的激情、粗犷、豪放的性格。这种类型的人脾气有些暴躁，如果情绪失调，较易发怒，易激动，但优点也很突出，那就是为人坦率真挚、热情，说话直截了当，从不拐弯抹角绕圈子。这类人多容不得自己受一点点委屈，他们会据理力争，直到弄个水落石出为止。他们有时会充当急先锋，起召唤、鼓动的作用，但有时也会在不知不觉当中被人利用，而自己却浑然不知。

《三国演义》中的人物张飞以粗豪、勇猛、爽直和坚贞的品质深深地吸引着历代的读者。这个人物说话声如洪钟，具有浓烈的草莽英雄气质。从其外表便可看出这一点，他“身长八尺，豹头环眼，燕颔虎须，声若巨雷，势如奔马”。在长坂坡一役，曹操率众军追赶张飞。张飞立马桥头，圆睁环眼，厉声大喝：“我乃燕人张翼德也，谁敢与我决一死战！”吼声如雷，将曹军部将夏侯杰惊得肝胆碎裂，跌于马下，曹操回马而走。这段有声有色的传奇故事，凸现了张飞粗犷的草莽英雄气质。很多人一听说要与强敌对阵，大都会心生恐慌，或想临阵脱逃。其实，这种做法等于认输。如果你能先发制人，以声气夺人，就可减轻这种心理压迫感。

另外，说话声音高昂、洪亮的人大都有比较充沛和旺盛的精力，自信心充足，有一定的欣赏品位和鉴赏能力，待人热情、诚恳，气质优雅，能够吸引人的目光，并且有荣誉感。

说话喜欢讲方言的人，往往感情丰富，特别重感情。他们的适应能力也许不强，与其他环境的融合需要很长一段时间，但这类人的自信心较强，有一定的胆量和魄力，做事很容易成功。

中国台湾交际专家方树生在谈到方言的作用时说："喜欢人家说他的方言，这是人之常情。如果你对广东人说广东话，对福建人说福建话，对宁波人说宁波话，对上海人说上海话，如果你是他的同乡，当然产生同乡的好感，彼此易于接近；如果你不是他的同乡，而能说很纯熟流利的对方方言，他一定会觉得你特别聪明，虽然初次相见，印象却可能会很好。对于你的请求，本来不想答应，或许可以因此而通融。"

如果能够在言谈中保留故乡话的人情味，同时又能用理性的普通话来和人交谈，撷取两种语言的优点，是最理想的方法。另外，在生意往来、各地区的洽谈会、招待外来宾客等场合中，如能巧妙地活用故乡的语言，也会增加彼此的亲切感。

5. 不能轻易被打断话题的人多爱听奉承

有的人说起话来口若悬河、滔滔不绝，有的人则喜欢喋喋不休地倾诉。对这样的一些人，不妨做个最佳听众，不要打断他们，不要责怪他们，与他们保持亲密但适度的距离，显得专注一些，并刻意营造美妙的谈话氛围，因为他们是喜欢听别人奉承的典型。

不需要用语言表明你正在注意倾听别人讲话的最好方式之一就是点头。当一位客户正向你喋喋不休地讲解某件事的一些细节，你不插话，但你又希望让他知道你正在听他讲话，这个时候点头特别有效。

一般来说，说起话来像连珠炮似的滔滔不绝的女性，性格会非常灵巧，有顺应任何环境的能力，而且，这类型的女性多半具备语言、绘画的才能，个性善良，不会拒绝他人的请求，从而为自己带来一些烦恼。

小玲的妈妈是位朴实的农村妇女，虽然没怎么上过学，但是通情达理，善解人意。小玲觉得妈妈哪儿都好，唯一让自己感到不满意的地方就是只要妈妈一开口说话，就不容易被打断，有多长说多长，不说完不算完事。

有时小玲着急看一个电视节目，偏巧妈妈过来找她聊天，小玲一边听一边看，三心二意，希望妈妈快点说完，可是妈妈絮絮叨叨地说个不停，总也没完。小玲一着急，就想办法。比如提醒妈妈说："妈妈，你是不是在烧水，水开了吧？"妈妈恍然大悟，跑去厨房看一看，但谁知道返回来之后竟然还能接着刚才中断的话题继续说。

小玲算是服了妈妈了，虽然这点常让她感觉有点儿烦，可是妈妈也有一个最大的优点，那就是无论做了什么惹她生气的事情，自己只要抱住妈妈说两句好听的话，妈妈准保就不生气了。

倘若是口若悬河的男人，有时因不会接纳他人的意见、过于主张自我而惹来麻烦。他们自认为好的事却常常是旁人厌恶的。

不能轻易被打断话题的人都爱听奉承话，大多数这样的人都很乐观，不会闷闷不乐或钻牛角尖。但他们同时也因为乐观而有疏忽的一面，那就是可能做出违背本意的事。当然，也很容易引起异性的误解。这类人给人的第一印象虽不佳，却能在交往一段时间后慢慢化解彼此间的误解，而让人发现其个性品位。

6. 口齿不清的人意志很不坚定

在人际交往中，我们经常会发现一些人口齿不清、反应迟钝，最初你也许会对这类人有厌烦的情绪，但等到彼此熟悉或了解后，会发现这类人往往不仅意志坚定，而且才华出众，甚至会一鸣惊人。

古今中外，有很多口齿不清的人都是凭借自身坚强的毅力和不屈不挠的精神最终成功改变形象，跃身成为成功的人。如古希腊寓言家、《伊索寓言》的作者伊索，伟大的思想家亚里士多德，著名的古希腊演说家德摩斯梯尼，科学家牛顿，进化论的提出者达尔文，法国皇帝拿破仑一世，英国前首相丘吉尔，无产阶级革命家列宁等等，都曾经是口齿不清队伍中的一员。大热的奥斯卡得奖影片《国王的演讲》中的乔治国王，也是典型的口齿不清的代言人。乔治六世深为自己不能流利地当众发言感到苦恼，但是当他克服了自己的自卑，努力扫除口齿不清障碍后，一举得到了臣民的热烈拥戴，并通过自己的演讲极大鼓舞了人民抗击希特勒的斗志。无一例外，这些口齿不清的成功人士都拥有意志坚定、才华出众的特点，且最后都一鸣惊人，在各自的领域做出了突出贡献。

口齿不清、反应较迟钝的人，通常有以下两种情况：一种是他们仅仅是语言表达不够精彩，但往往能一鸣惊人，这说明他们在某一方面或某几方面有比较出众的才能，只要努力，都能很快成功；另一种人则是说话方面确实不够出色，而且也不经常表现自己，但他们注重少说多做，以避免自己词不达意的缺憾，用自己的实际行动证明自己的能力。可见，这种人的意志往往是十分坚定的。

爱因斯坦三岁多了还不会说话，中学时代的他的许多测试都不及格，有时候人家问他叫什么名字，他都好长时间答不上来。然而，长大后的爱因斯坦却成为世界上最伟大的科学家之一。同样，英国首相丘吉尔上学时作业做得很差，说话结结巴巴，口齿不清，所有人都嘲笑他的无能与可笑，但他最后却成了英国首相、政治家、演说家。

口齿不清、反应迟钝的人通常会给他人留下天生木讷的印象，但他们大多数却是心志坚定、见解非凡的人，往往终成大事。这说明口齿不清、反应迟钝并不是因为他们智商有问题，而是因为这些人耐性较好，且内心活动丰富、善于思考。

由此可见，我们在与口齿不清、反应迟钝的人交往的时候，不能单从语言这一方面来判断对方，而要学习他们做事的劲头和能力，平等对待并尊重对方。

7. 将肯定语气词挂嘴边的人很自我

有些人总爱把“绝对”“肯定”“一定”等肯定词挂在嘴上。在与人交谈的时候，经常语气强烈地提到“绝对”这个词。而通常性格较温和、交谈时考虑别人想法的人是不会经常说到“绝对”这个词的。喜欢说“绝对”的人，往往不顾及他人的想法。

“绝对”这个词在词典里表示的是极端程度的意思。在日常生活中，人们使用这个词的时候，表达的意义远没有词典中那样极端。研究表明，喜欢说“绝对”的人大多有自恋的倾向。这一点常被他们用来作为自我防卫的借口和被证明错了时候的挡箭牌。在这种情况下，他们常常会不断用“绝对”来进行保证，如“绝对不会再犯”“绝对不会再这样做了”等。当他们的“绝对”被人驳倒后，为了掩饰自己内心的不安，他们总要找一些理由加以解释，总想让自己的东西被人接受。其实，别人不相信他们的“绝对”，他们自己也不相信这样的“绝对”，这只不过是为了维护自己所谓的尊严而已。

在同异性的交往中，用不了多久，他们就会说出很多的“绝对”。虽然恋爱到了一定程度，偶尔说“绝对”也是表达情感的很正常的方式，但是，满口“绝对”的人，他们的甜言蜜语就值得怀疑了。因此，在日常生活中，我们如果遇到喜欢说“绝对”的人，可以尽量多强调自己的观点。这样，在与这类不常考虑他人想法的人交往时，我们自己才能融入到话题中去。

大多数人在日常交往与交流中往往意识不到非语言信息的重要性。事实上，语言的交流通常只占了整个交流过程的7%，很大一部分的交流都是由非语言信息完成的。非语言信息包括身体语言、语气、神态等。

商务合作中，尤其是一些必须经打电话沟通的情况中，无法像面对面交谈那样使用身体语言，这个时候个人的语气、语调就显得特别重要。语调表明你的感情和情绪，也能表明你对这个通话人的态度。记住，“语调不是你说了些什么，而是你说话的方式”。你必须意识到并不是所有的身体语言在电话交谈中都失去了用处。虽然这个正在与你谈话的人看不到你，可他在与你进行电话交谈时，会在意识中勾画出你的样子。你的一些表情和身体语言可以使你说话的方式发生微妙变化，比如你的语气和腔调，这种微妙变化会被电话那端的人捕捉到。所以，如果你想给对方留下好的印象，你就必须用能给对方留下好印象的方式讲话。商务活动中应传达这样的一种语气给对方：态度明确、热情洋溢、乐于帮助、举止得体。

8. 句句凸显“我”的人爱表现

在人际交往中，有人常常谈论自己，包括曾有的经历，自我的个性，对外界一些事物的看法、态度和意见等。他们在谈话中喜欢使用“我”字，他们张口闭口都离不开“我”“我的”等口头禅。一般来说，这样的人性格多比较外向，感情色彩鲜明而且强烈，主观意识较浓厚，爱表现和公开自己，多少有点虚荣。

仔细观察一下，我们不难发现有这样习惯的儿童也非常多，这也是不足为奇的，因为这是一种儿童心理的表现。但是，有些成年人也这样说话，就算不常用“我”字，而爱用“我们”或者“我辈”等字眼，这表明他们具有与儿童相同的性格，具有很强的表现欲。

心理研究表明，有些成人之所以养成这样的说话习惯，其原因可以追溯到他们的婴幼儿时期。在哺乳期，婴幼儿与母亲有一种身心合一的亲密关系，而到了断奶期，婴幼儿的这种感觉就受到了威胁。为了避免这样的威胁，婴幼儿学会了说“妈妈”“我”这些词语。“妈妈”和“我”这些词语在一定程度上缓解了孩子的不安全感。

在孩子的心目中，“妈妈”和“我”是密不可分的。没有妈妈，他们很难生存下去，所以他们对妈妈有着难以割舍的心理依恋。孩子不断地强调“我”，可以从母亲那里得到一种安全感。经过这样的不断强化，孩子就频繁地使用“我”，从而获得更多的安慰。等孩子慢慢长大以后，就逐渐被社会同化了，由一个小家的孩子变成了社会的孩子，他们通过不断地说“我”“我们”来获得安全感的要求逐渐变淡，取而代之的是强烈的表现欲。他们并非要把自己的观点强加于人，而是企图强化自己的存在、表现自己。与这样的人交往，一般来说是比较安全的。如果你有这种习惯，就应该及时修正自己的个性，使自己的性格很快成熟、健全起来。

这些人的另一个特点是喜欢把“所以说”挂在嘴边。他们认为自己在开始的时候就已经了解所有的事情，颇有先见之明。当别人说出事情的结果的时候，他们总会说：“我之前不是说过了吗？我早就知道结果会是如此。”特别强调自己对事情的发展早已了如指掌。他们绝对不会说：“是啊，你说得对，我也这么想。”而总是说：“所以说，事情就是这样，我之前不就说过了吗？”乍听起来是他们善于总结，但深究起来却远不是这么回事。

常说“所以说”的人最大的特点就是喜欢以聪明自居、自以为是，态度也表现得很强硬、傲慢，并且更喜欢将功劳揽在自己身上，总认为自己所说的话具有绝对的权威性，说话完全不顾及对方，似乎有逼迫他人的感觉，因此对方常会因这种被践踏的态度而受到伤害。他们就算很惹人讨厌，但自己却浑然不觉。他们并不觉得自己是傲慢、令人厌恶的人，反而认为他们相当值得同情，因为得不到众人的认同和理解，周围的人都不愿意去倾听、了解他们的心声。因此，我们一定要慎说“我”和“所以说”这样的口头禅，尤其是在自己并不是最高职位的时候。

相反，如果一个人在叙述某件事情的时候，只是在单纯地叙述，不加入过多的自我感情色彩，而是将自己置于事外，则表明这个人比较客观、理智，情感比较沉着和稳定，鲜有过激行为。

谈话在我们的生活中是一项不可缺少的重要内容。在谈话中，通常人都不会非常直观地谈论自己，但在不知不觉、有意无意当中总有透露自己的时候，在此过程中，注意谈论内容是什么、谈论者的神态和动作怎样，细心一点，一定会获得一些有益的东西。

9. 说话总是附和他人的人或圆滑或没主见

“对啊”这个词语用来肯定对方说的话，表示毋庸置疑。日常生活中，没有人喜欢别人违背自己的意愿行事。而这些喜欢说“对啊”的人，通常都有好人缘。他们嘴边挂着“对啊”，表面上是一团和气，人际关系不错，但这并不一定就是他们的心里话。其实，他们是以“对啊”来迎合别人，暗地里却常常是为了自己的利益而精打细算，为人处世比较圆滑。

“嗯，对啊，就像你所说的那样。”“对啊，确实是这样，我也有同感。”类似这些用来表达赞同或认同对方的话，会让对方听起来感到格外舒服，非常高兴地认为原来你的看法和他一样。其实，讲这种话的人并非发自内心地、谦虚地认为对方的话都是正确的。他们之所以常常将“对啊”这句话挂在嘴边，是因为这样比较容易与对方相处，使自己的人际关系更加融洽、顺利而已。他们一心为自己着想，希望借此得到更多的利益。

另外，常说这句话的人通常不属于那种自我意识特别强烈的类型，他们比较善解人意，不会勉强别人按照自己的步调走，不会强人所难，不会斤斤计较。因此。他们一般可以营造和谐的气氛，自己也可以成为受欢迎的人。可是如果碰到这种类型的主管，就别高兴得太早。对你的意见他可能会回答：“对啊，你说得很有道理。”不过当事情进入最后决策阶段的时候，他会要求你按照他的意思去做，而且相当固执，无论你再提出什么样的意见和建议，也都是徒劳，寸步不让的做法令他一反常态，与往日判若两人。

“对啊”一方面是肯定对方，另一方面却是敷衍对方的一种手段，他们对于对方的意见不屑一顾，甚至连反驳都懒得反驳。这种人是算计他人、处世圆滑、不得不提防的危险人物。

一个人为了拥有圆满而顺利的社会生活，其言语里必定少不了敬辞。然而，在日常生活中，我们有时候很难碰到妥当的敬辞。与其说这是由于普通人对于敬辞的掌握不够，不如说是有人故意使用尴尬的敬辞。那些善于恭维、善用敬辞的人，通常都比较圆滑世故。在说话中善于使用敬辞的人，对他人有很好的洞察力，往往能够体会到他人的心情，然后投其所好。这类人随机应变的能力很强，性格弹性比较大，与绝大多数人都能够保持良好的关系，在为人处世方面多能如鱼得水、左右逢源，在处理各种事情时都显得相当老练。他们相当精明，很少有吃亏上当的时候。虽然表面上看来他们很容易向他人妥协，但实际上他们有自己的主张，而且往往有一张非常广大、实用的关系网。

10. 总是说“其实”的人有点儿任性

大部分人都有自己的口头禅，比如“还好”“随便”“一般”等等，不同的口头禅反应了人们不同的个性与对事物的喜好，如果你注意观察，你可能会发现，自己身边有一些人总是在说话的时候带一个词语“其实”。“其实，我的意思是……”“其实，我并不是让你不要去……”“其实，我早就说过，但是你不听……”这些耳熟能详的对话揭示了一类特殊的人，这类人以讲“其实”作为对他人开诚布公表明心迹的敲门砖。但事实上，说话总是爱讲“其实”二字的人通常都有点儿小任性，做事爱以自我为中心。

露露年轻漂亮，性格开朗活泼，所到之处总见欢声笑语，很多人都以为她肯定有很多好朋友，但是奇怪的是，那些和露露接触过的人虽然对露露的性格赞赏有加，却对露露的为人处世多有不赞同，一些人甚至对露露有负面印象。这是为什么呢？

原来，露露凡事都爱和人讲“其实”之道，但“其实”的结果不是双方欢喜，而是一方生厌。会计部的小刘特别喜欢露露的发型，她觉得非常好看，想自己也剪一个同样的发型。为了这事，她去征询露露的意见：“露露，你对发型那么有经验，能不能给我点建议？我想去剪一个和你一样的发型，你觉得怎么样？”露露上下打量了一下小刘，眉头皱了皱，眼神向右闪动了一下，说道：“这个发型吧，挺挑人的，你剪也可以。像我的脸型就比较适合这发型，剪什么都好看。但是你的脸那么大，恐怕不太好吧。”听了露露的话，小刘的脸色有点难看，虽然说得有道理，但是不知道为什么不中听。露露大概也察觉到小刘的不高兴，她赶紧说：“其实不是说你剪不好看，我这个人不太喜欢和人重复。”听了这话，小刘心里更加不是滋味，本来只是一个友好的询问，怎么露露说着说着就完全变了滋味呢？

在日常生活或工作中，“其实”这个词表达的意义通常是对别人提出的观点持有反对意见。通过大量调查研究，心理学家发现，那些喜欢说“其实”的人大多有一种自我欣赏的倾向，这类人通常较为固执，判断事情往往比较主观，并且喜欢凡事以自我为中心进行规划。

一般来说，性格随和的人在与人沟通的时候，往往会站在对方的立场上来考虑问题，因而对别人的看法通常持赞成的态度；相反，那些喜欢说“其实”的人，性格大多任性而倔强，往往不易改变自己的想法。

事实上，经常说“其实”的人，由于对自己的才能往往估计过高而导致事情发展出乎意料，而且，即便在失败的情况下，他们依然会用“其实”来为自己开脱罪责。

因此，我们在日常生活中，如果遇到经常说“其实”的人，最好用不容置疑的口气加强自己的观点。然后，当对方开始为自己的错误寻找借口时，可以采用大量的事实指出他的错误，最终让其心服口服。

11. 打电话声音猛提高的人容易激动

打电话声音猛提高的人容易激动。

在地铁里、公交车站，总是会见到这样一些人：一接电话，声音会猛然提高很多，好像接了外放，似乎生怕别人听不到，这种喜欢提高音量说话的人比较容易激动。这一部分人可能是自我主义者，对自己很有自信，也比较喜欢听奉承话，通常表现欲比较强烈。

表现欲强烈的人，无论到哪里都试图表现一番。他们很自信，只要有机会，他们就愿意大胆地“秀”出自己，即便打电话也是一样。

他们往往不自觉提高音量，以引起别人的注意，出于一种炫耀心理，甚至有时还故意让别人听到他们谈话的内容，因为谈话中可能涉及一些令他们觉得很有面子的事，所以他们很希望别人听到。

敢于自我表现的人通常是自信心极强的人，他们无论什么时候、什么场合、面对什么样的人，都能保持强烈自信。有的人越是在正式的场合就越紧张，越不敢放开手脚施展自己的能力；而“打电话声音猛提高”这类人则最喜欢这样的场合，正好可以表现自己，发挥自己的才能。他们迫不及待地想得到这样表现自己的机会，属于那种“给点阳光就灿烂”的人。

敢于自我表现的人，往往在工作中能引起领导的注意，因为他们常常有意无意地展现自己，别人想不注意都难。在团队中，不论什么活动，他们都能出尽风头，即便在他们不擅长的活动中，为了表现自己，他们也要不断插科打诨，抢夺别人的眼球。

这种性格可能会受到领导的赏识，但常常阻碍了他们与同事之间的关系，因为他们太爱表现，太爱出风头，所以可能常常抢了别人的风头，这就难免引起同事的妒忌和不满。“木秀于林，风必摧之”。一个团队里如果有一个人太出色，再加上他太喜欢表现自己，那就相当于把自己与其他同事的距离拉远，他的出色总是衬托出其他人平庸，其他人必定会对他有看法。渐渐地，其他人就会形成一股反抗的力量来与他对抗，即便他不会被排挤出去，也不会在团队中有好的人缘。

因此，公共场合打电话时声音很大的人，通常是一个有较强的自我表现欲的人，但这种欲望通常会触犯他人，以致他失去良好的人际关系。

打电话声音猛提高的人容易激动

12. 突然话多可能是掩饰不安或狂躁

一个原本沉默寡言的人，忽然变得健谈，在某一场合中或某个人面前变得口若悬河，反映了他的一些小心思——要么是想转移对方的注意力和思维方向，避免其提起某些令自己不快的话题；要么是怕对方提出自己有可能无法应付的新问题，所以以这种方式来阻止对方讲话。

君峰是一个内向沉默的人，结婚后还是这个样子，有什么事都不跟老婆交流，气得老婆动不动就骂他是“锯了嘴儿的葫芦”。

可就是这么一个“闷葫芦”，最近两个月突然跟换了个人似的，变得健谈了。原来老婆唠唠叨叨时他从来都不理，可现在老婆一开口，他就笑嘻嘻地跟她扯，而且还净扯些不着边际的话。

以前，每次吃过晚饭后，老婆的习惯是拉着他一起看爱情电视剧，并且还特别喜欢边看边评论：“你瞧，小雪多漂亮、多善良，遇到这种美女，大亮这种老男人还不珍惜呢……”而现在君峰从来都不让老婆有评论的机会，他会想尽办法让老婆陪着他说话，而不是看电视剧。他甚至专门准备了一个小本子，上面写满了新听来的笑话或好玩的事，从吃完饭到睡觉前，他会不停地给老婆讲故事，逗老婆发笑。

君峰的妻子感到十分诧异，她一方面为丈夫的转变感到高兴，一方面又担心丈夫遇到了什么事情。直到有一天，她偶然在丈夫的手机上读到一条暧昧的短信，一切才真相大白。原来，君峰之所以如此，是为了封住老婆的嘴，免使她提起与爱情有关的事，以免自己不小心露出马脚。

现实生活中，上述故事中的“突然转变”其实也是时有发生的。一个木讷的人失恋后突然和亲朋好友喋喋不休讲自己碰到的新鲜事；一个原本比较沉默的女孩子，在喜欢自己的男孩子约自己出去时，会不停地说话……

由上，你一定会发现一个问题：突然由沉默变得健谈的人，往往是刚遇到了一些事情，并且这些事情均是他们不愿意再次提起的。说得再明白一点，就是他们心里有“鬼”，为了不被人发现这个“鬼”，他们会想尽办法引开话题，把对方的思维引向别处。至于那个在喜欢自己的男孩子面前突然变得滔滔不绝的女孩子，则很可能是因为她不喜欢对方，不希望听到对方表白，以免使自己陷入一个难以推托的境地，引发双方尴尬。

然而，如果没有什么顾忌，原本沉默的人突然在某个场合中变得健谈，则多是由于该场合出现了某个特定的人或发生了某个特定的事件，他想引起这个特定人物的注意，或者他对这个事件超乎寻常地感兴趣。如果一个人平常说话慢慢悠悠、从不着急，而在某一时刻忽然很大声又较快速地不停说话，甚至很急迫地进行反驳，那么很可能是对方说了一些对他十分不利并且是无端诽谤的话，语速的加快表达了他内心的不满、着急和委屈。

但是，也有特殊情况，一些精神疾病患者，最明显的表现就是突然话多。一般来讲，这类人的先期情况都是情绪低落、忧郁，但如果有一天，此人突然变得开朗、爱说话、热情，不要以为这是病好了，其实，这说明他的病已经转为躁狂症了。所以，情绪及表现的突然变化可能不是好事，是情绪积压到一定程度转为躁狂症的表现，出现以上症状的患者应及时就医，尽快治疗。

13. 诚实人不一定常说"说实在话"

一开口就说"说实在话"的人，也许并不诚实。经常说"说实在话""不骗你"的人，十分在意对方对自己所陈述的事件的评价，并且会很担心对方误解自己，因此喜欢用这几个字来强调事情的真实性，以期得到对方的认可。

那么，为什么他会很担心对方误解自己呢？为什么他一再强调自己所陈述的事情的真实性呢？为什么他那么害怕得不到对方认可呢？如果不是过分谦卑，那答案恐怕只有一个：他谎话连篇，经常虚构事实。说简单点，他一点都不老实，就是个骗子。

人是一种理性的动物，但在很多时候却会被本能所支配，所以才会时有"下意识""不自觉"等情况出现。语言在很多时候就是被人的本能所支配的，虽然绝大多数时候，谈话的内容都是人们经过思考和逻辑整合后才说出来的，但几乎不论何时，人们在谈话中总会穿插一些简短的词句，这些词句往往没有什么实际意义，对谈话内容也不构成什么影响，并且不需要经过思考，因此完全可以被忽略掉。

但是，如果说话者与你的利益息息相关，那你一定要注意了。因为相对于其他经过思考和逻辑加工的内容，这些简单的词句完全出于说话者的本能，因而更能反映他的真实意思，甚至是品性。"说实在话"就属于这一类，经常以此作为过渡的说话者，实际上是在不停地提醒你相信他。可以想象，只有没有十足的底气，甚至企图掩饰事情真相的人才会如此。以这句话来赢得思考时间的说话者，实际上是在透露一种信息：我一定要想出更合适的“事实”或“语句”，让你觉得我更可靠、可信。

另外，如果在说这句话的同时，说话者还伴以摸嘴、摸鼻子等典型的撒谎动作，则几乎可以百分之百断定：这个人不可信，他在欺骗你！

当然，上述分析并不绝对，经常说“不骗你”的人并非一定在骗人。有时候反映了说话者的不自信，有时候反映了说话者的恳请之心，有时候则反映了说话者“真诚实”的本性。至于你面前的这个人属于哪一种，只要再结合他的性情和其他日常行为就可以判断了。

14. 不同的口头禅表现不同的性格

口头禅是话语中最不经意却又最常出现的语句，常与说话者的性格、生活遭遇或是精神状态有关。其实“口头禅”原本是佛教禅宗的词语，是指不用心领悟，而把一些现成的经验挂在口头上，假装自己经过深入思考，后来演变成形容个人的习惯用语。正因为是“习惯用语”，它背后往往隐含着许多心理活动和心理作用。

当你向人提问时，有些人会老老实实回答你，也有人会针对问题发出疑问，希望进一步确认，还有些人则从来不针对问题回答，而是把问题再丢回来给你。

无论回答什么，总是尽量用肯定句回答的人，比较诚恳老实，有话直说，个性直爽，认为凡事说开来有助事情进展。针对这种直爽人说话就要实话实说，不要绕圈子，不必怕会不小心得罪他们，就事论事是他们为人处世的原则，小心翼翼反而会让他们觉得你不诚恳、难以交心。

总是对所听到的问题有所怀疑，发出疑问句的人比较细心谨慎，对别人的要求也很严格，自主性强，凡事喜欢追根究底，有自己的一套规矩。面对这种人，在解答他们提出的疑问时要尽量避免使用“也许”“可能”“应该”等模棱两可的语句，否则这只会给自己找麻烦。

有的人回答问题时语气很莽撞，总是会用反问句把问题抛回去，这类型的人是那种当你问他们“你对这个产品有什么想法？”时，他们会反问你“你自己觉得呢？”的人，他们很少正面回答问题。这种人防卫心重，别人要先“给”，他们才会考虑要不要付出。与这类型的人谈生意，常常要运用利益交换的方式，像是“您现在订货，我可以额外送您……”因此，最好不要一下子就把肉全部端出来，而要一步一步慢慢撒饵，他们才可能认真考虑。

总是说“对”“当然”“的确如此”的人对别人有很好的“肯定”心态。他们多半善良、有自信，为人和善。他们会不断给你信心，并提供各种意见，但他们不见得一定会和你交易，不过即使被拒绝，你从他们身上得到的，不管是方法还是自信的提升都够多了。

总是说“可是”“但是”“不过”的人个性偏向任性，习惯以自己的想法和做法为中心，但他们个性温和，所以选择用“但是”“可是”等委婉的字眼，就算反对别人的意见，也不至于给人强势或难以沟通的感觉。这种人不喜欢让人留下坏印象，虽然对他们死缠烂打往往能奏效，但最好还是长期经营，才不会让他们成为“一次客户”。

说话时，会提到“不好意思”“拜托”“打扰了”的人个性通常都很优雅有礼貌，内心总是充满不安和矛盾，有自己的想法，不喜欢被强迫的感觉。当他们抗拒时，试着用问句引导他们，像是“您觉得它再加上什么您就会买？”再针对他们的意见进行说服。只要让他们打消抗拒的念头，就有可能使他们买下这“完美”的商品。

总是确认事实的人，比如总是问“真的吗？”“不会吧！”的人，他们需要肯定和关爱，有点被动，希望给人没有威胁与企图心的友好感觉。面对这些人时，要尽量站在关心和友好的立场上进行说服，对他们的生活流露兴趣，分享你对他们的想法及看法，并给予肯定及赞赏，他们会敞开心胸和你交流。

而那些习惯追问“然后呢？”的人个性上比较小心，自我防卫心强，但还是会为了让日子好过而带点妥协与顺从。在为人处世方面很冷静，工作和人际关系都不错。他们之所以这么问，表示他们大概已经料到你会讲些什么，以及会如何回应。如果你能展现不同于其他销售员的特质，例如只花很少的时间谈商品，他们会因为感到意外而对你友善。

每个人都有一些不同的说话习惯，例如在句尾加上“啊”“呢”“哦”

之类的语气助词，或在某些心理状态下，语调拉高或降低。当然，这些差异或习惯十分微小，有点难以察觉，因此，我们不妨从客户习惯性使用的回馈句型和显而易见的口头禅来进行判断，这样比较容易得到客观的结果。

第八章

有趣空间：身体间距离的和谐与危险

“敌进我退，敌退我进”，这句话用在说明人与人之间的身体距离上还是挺贴切，挺有趣味性的。仔细想想，你就能注意到，每个人都有一个自己可以接受的亲近距离和冒犯距离。距离把握得好，才能有很好的社交圈；距离把握得不好，很有可能吃力不讨好，事倍功半。对付这个难以拿捏的身体距离问题，现有八字技巧相送，那就是“敌驻我扰，敌退我追”。掌握好空间交往规则，才能在社交战里各个击破，稳操胜券。

1. 身体向外倾斜随时准备离开

身体向外倾斜随时准备离开。

身体和身体的距离说明了一个人对另一个人的态度。彼此间身体靠得很近，说明关系很亲密，恋人之间一般都喜欢紧密相依，朋友同事之间关系亲密，也喜欢手挽手或走路时离得很近，鲜有两个敌视方肩并肩亲密交谈的情景，除非他们贴身肉搏时彼此交换信息。

一个推销员正在给李丹介绍产品。已经过了 20 分钟了，但对方仍然喋喋不休，话题越来越琐碎枯燥，李丹实在有点儿忍耐不住了。她打开双腿坐在椅子上，一只手拉下自己的头发，另一只手则在大腿上轻轻摩挲着。她完全没有注意到，在过去的 20 分钟里，自己始终保持着双腿交叉的姿势，而且身体后倾，脚尖正指向最近的一个出口。她开始抖动双腿，有点儿想要起身的渴望。似乎是意识到了李丹的不耐烦，整整说了 20 多分钟的人突然停下来，他看着李丹向外倾斜的身体，抱歉地说道："不好意思，说了这么长时间，打扰您太久了。那您先忙，下次有机会我再给您介绍新的产品。"听到对方这么说，李丹心里长长松了一口气，她立刻挺直了身体，开心地把脚收回，双腿不再抖动。

一般来说，越是远离头部的身体部位，我们就越不关注它。比如，大部分人都对自己的脸部非常在意，而且会有意识地控制面部表情和头部姿势，我们甚至可以通过反复练习，熟练地掌握一些表情。例如，假装若无其事的样子，表达反对态度的眼神，强颜欢笑等等。如果朋友在你过生日时又送给你难看的礼物，相信你一定能毫不费劲地展现开心的笑脸。可是除了脸部以外，我们很少注意到双臂和双手的姿势，胸部和腹部也一样不受重视，更不用提腿部的动作，而双脚则几乎完全被我们忽略掉了。

一个人或许可以假装出镇定自若的表情，可是如果他的双脚不断地轻敲地板或者双腿一直微微晃动，那就说明在镇定自若的神情下，他的内心充满了想逃却逃不了的挫折感。身体向外倾斜，双脚轻轻晃动隐藏着当事人逃离当前困境的企图。为什么要逃离呢？很可能是因为感觉到自己的私人空间已经不再安全。

人与人之间的空间距离可以划分为四种：亲密的距离、私人的距离、礼貌的距离、一般的距离。

所谓亲密的距离，就是说互相之间可以有身体上的接触。定个标准的话，就是从身体相接触到互相间只隔开极小一个距离 (0cm ～ 45cm)。这种距离，通常在夫妻做爱、情侣亲热、极亲密的朋友之间或孩子依恋父母的情况下才产生。

处在极亲密的情况下，你必然会有一种受到对方压迫的感觉。因此，如果让两个成年男子处于这种距离之中，必定会使他们产生尴尬和不安。与他人跳舞时，尽量使互相之间的身躯相距远些，尽量错开眼光避免直接的对视。

当你被迫和他人处在亲密的距离之间，比如在拥挤的车上、狭小的电梯里的时候，切勿盯着人看，那意味着你在用目光“抚摩”对方的身体。

在近的私人距离中，你可以用自己的手脚，搂抱到对方或者拔拳打到对方。你的妻子有资格停留在你的私人近距离界限之内，可是如果有另一个女人进入到你的近的私人近距离之内的话，你的妻子便会感到不安，她会频频向你示意或者因此而醋意大发。

双方伸直手臂正好能触及对方手指尖的距离，在这个距离里，你不可能轻易地和对方接触。两个人在街上不期而遇时，他们停下来聊天时，常常采取这种距离。但是，如果是在宴会上，他们之间谈话时，又会把这种距离调整为近的私人距离。你所站的距离等于是一种声明。

在中世纪的画作里，那些身份高贵的男主人公总是保持着稍息的姿势，因为这样的站姿能够让他们展示自己精美的袜子、鞋子和裤子。这个姿势非常有助于我们判断一个人当下的打算，因为人们伸出的脚尖所指向的方向，往往就是他们内心里想要去的地方，而且，这个姿势看起来也就像是一个人正要准备迈步的样子。如果是和一群人在一起聚会，我们伸出的那只脚，总是会朝向最幽默或是最吸引我们的那个人；但是如果我们想要离开的话，那只脚就会朝向离我们最近的一个出口。

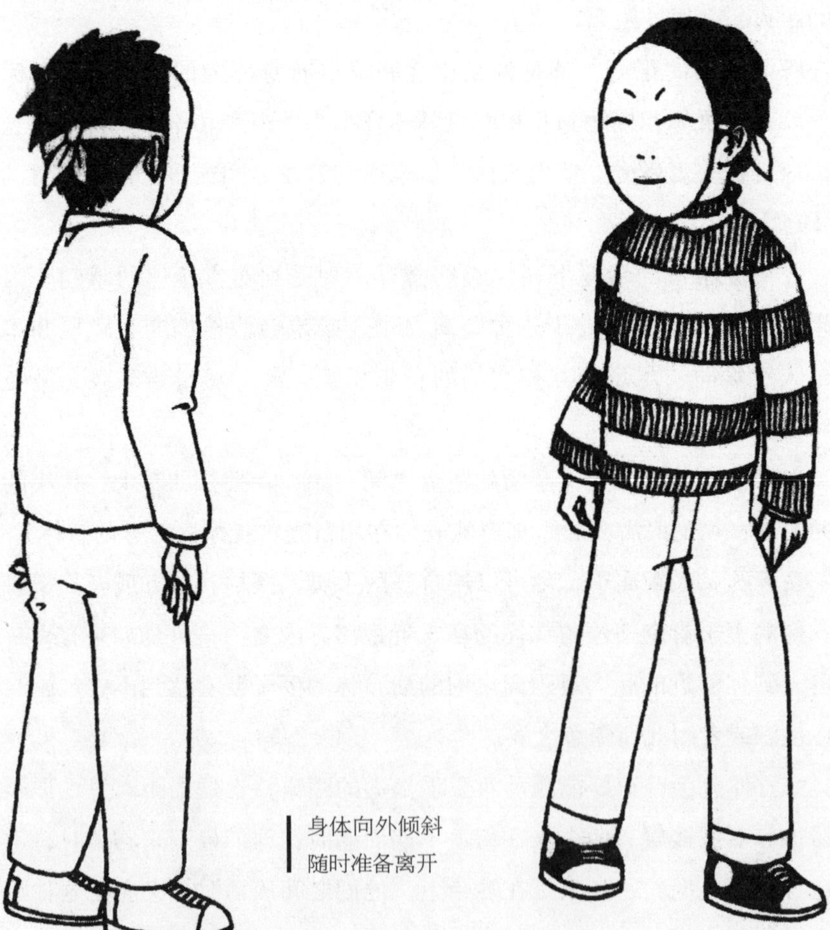

身体向外倾斜
随时准备离开

2. 习惯揽肩拍背说话的人大多不设防

一个人的性格习惯和从小生长的环境有很大的关系，不管后天怎么修正，还是多少会保留从小养成的习惯。在与其他人说话的时候，有些人天性喜欢与人揽肩拍背。

有一个女孩自小在幸福的家庭中长大，家里除了她，清一色都是男生，所以全家人对她都很宠爱。这个女孩做什么事情都喜欢撒娇，对哥哥总是揽肩拍背，表示自己的亲昵，而且，她不管在肢体动作、说话语气还是穿着打扮上，几乎都和小公主没两样。进入社会后，这个女孩对于周边的同事女孩依然保持一样的态度，与人说话时总是不自觉就靠得很近，无论说什么话题，总是睁大眼睛感觉非常喜欢的样子，说着说着就喜欢用手揽住对方的肩膀或者拍拍后背，表示自己的好感。

有些年长的女同事总因此觉得女孩太过随便轻浮，私底下提醒女孩注意点儿，但是无论怎么提醒，一到兴奋时刻，女孩还是会不由自主做出一样的动作。尽管有点不合大人的意，但女孩的天真坦诚依然为自己带来了不少朋友。

许多研究都指出，即使和陌生人也能做到揽肩拍背的人一般都很开朗，容易和人做朋友，也比较容易说服他人。有时只需一个动作，不用开口就能有效说服对方。这些人常是重情重义的代表。很多影视剧里，就常用这个动作来表现人物重感情、洒脱的性格。

一般来说，人会根据对象的不同来调整自己的位置。和不喜欢的人说话，总会保持一定距离；和亲近的、喜欢的人说话，则会特意靠得很近。而且，人会下意识地目测这个距离。据此分析，上司或资深同事拍自己的后背或肩膀是一种亲近的表现，甚至是信任的体现。因此，即使你为此感到很郁闷，也只能接受，最多心里感叹："怎么又来了……"要知道，和自己不熟的人有身体接触的时候，人们都会觉得有生厌的感觉，因而不会做出揽肩拍背的举动。然而，这类人根本不会有这样的想法，他们反倒觉得："我拍你的肩膀，你肯定很高兴吧。"在潜意识里，他们认为自己很了不起，而这也是他们能在管理层或政界取得成功的原因之一。

我们对待他人个人空间的态度，决定了我们会成为受欢迎的人还是遭嫌恶的人。有的人不管跟谁打招呼都要拍对方的肩膀，或者在聊天的时候总是接触对方的身体，时间久了，这种大大咧咧的人会让别人感到嫌恶。

有太多的因素会影响到人们与他人之间所保持的身体距离，所以，在你思考为什么人们会保持某一特定间距的问题时，一定要考虑到每一个细微的因素，然后再做出判断，在你"管辖"的地方，才是让你感到安全的地方，这样才是最明智的做法。

3. 突然开始打哈欠希望谈话结束了

打哈欠是最显著的模仿行为之一：只要一个人打哈欠，他身边的那些人就会接二连三地打哈欠。

人为什么要打哈欠呢？研究发现，一般人一次打哈欠的时间大约为6秒钟，在这期间人闭目塞听，全身神经、肌肉得到完全放松。因此可以认为，打哈欠使人在生理上和心理上得到最好的休息，对人体具有重要的生理保护作用。

有人认为打哈欠是脑缺氧的表现，如果一个人在听他人讲话时，感到心理疲劳，会忍不住通过打哈欠的深呼吸运动使血液中增加氧气，排出更多的二氧化碳，从而使精力更加充沛。你会发现，当人困乏的时候往往哈欠不断，以提醒人体，大脑已经疲劳，需要睡眠休息，所以打哈欠也是一种催眠的方法。当人即将进入紧张工作之前，也常会哈欠连连，这可能是人体借助深吸气使血液中增加更多的氧气，提高大脑的活动能力。

美国神经系统学家罗伯特·布诺温发现，打哈欠的传染性极强，以至于你甚至不需要目睹别人打哈欠，只要看到有人张大嘴巴，都会忍不住打起哈欠来。现在我们认为，打哈欠是一种模仿行为，它能够让人与人之间建立起友善关系，避免产生冲突。这种理论同样适用于猴子和黑猩猩。

总之，打哈欠是人体的一种本能反应，它像心跳、呼吸一样，不受人的意志所控制。人们通过打哈欠保护脑细胞，增加脑细胞的供氧，提高人体的应激能力。如果你发现对面的他正在忍不住打哈欠，那么赶快停下你的发言，适时地递上一杯咖啡，帮助对方休息一下吧。相信，重新振奋精神后，他会更容易接受你的观点。

4. 逐步后退，他不想与你过于亲近

逐步后退，他不想与你过于亲近。

当有人慢慢走向你，一旦你感到不自在，就会让他停下来，并且自己会逐步后退，直到你处于一个令自己感到自在的距离才停下来，这个区域是否有所不同？你能说明其原因吗？

其实，这个自在的距离就是测量你能接受的私人空间和亲密空间的阈值。如果你想表达对某人的好感，你会很乐意与他亲近，身体前倾。头部前倾，肢体发生碰撞，但是如果有人在和你谈话的过程中，对逐渐靠近的你节节后退，那你要注意了，你已经在无意中侵占了对方过多的私人空间，让他产生了不安感。后退表明对方并不想与你过于亲近。

试着侵入某人的缓冲地带，如在等候线前、电梯里或公共汽车上与人站得很近，观察一下人们的反应。你会发现，大部分人都选择后退来表达自己的拒绝，有些人则选择正面对峙，用愤怒的眼神凝视你以发起质疑。

现在你是否明白为什么学生用于在图书馆占座位的书被统一摆放后会引发众怒？银行为何要设 1 米线？无数的书本都探讨过动物对领地的重视问题。不管是大动物、小动物，还是人类，都有自己的方式标示自己的地盘，并且防备同类入侵。如果你能了解人类对个人空间的那种微妙感觉，你就会更加注意自己的言行，而且在跟别人进行面对面交往时，你也能更准确地预判他们的反应。

大部分动物都会将自己身体周围一定的区域视为自己的私有领地，至于这块领地范围的大小则主要取决于动物生长环境的拥挤程度，以及当地动物

逐步后退，他不
想与你过于亲近

分布的密集程度。所以，私有领地的大小是由当地的整体环境决定的。

人类也有自己专属的个人空间，别人一般会在两种情况下进入我们的私密空间（距离身体 15cm ～ 45cm 的范围）：其一，入侵者是一个关系密切的亲戚或者朋友，也可能是爱抚我们的情侣；其二，入侵者怀有敌意，甚至准备对我们进行攻击。就像我们前面所说过的那样，人们只能容忍关系密切的人进入自己的私人空间和社交空间。所以，一个闯入私密空间的陌生人会让我们的身体立刻产生生理反应。我们会心跳加快，大量的肾上腺素会注入血管，血流把肾上腺素传送到大脑和肌肉，于是，我们的身体就做好了随时出击或者逃跑的准备。这就是说，如果一个人在面对我们的时候逐步后退，那就说明他不想亲近我们，甚至对我们有些反感。尽管他可能满面笑容，似乎相当喜欢我们，但我们得知道，这仅仅只是因为他不想得罪我们。

如果我们想给别人留下好印象，就一定要遵守“保持身体间距”这一黄金法则。只有在和别人的关系更加亲密的时候，别人才会愿意让我们进一步靠近他。比如，一个新上岗的员工在刚开始跟同事打交道时，可能会觉得其他人都对他很冷淡，但这只是因为大家都还跟他不熟，所以只会让他进入社交空间。随着大家彼此之间的了解逐步加深，身体之间的间距就会逐渐缩短。最后，其他同事会愿意让这位新员工进入他们的私人空间，如果相交甚笃，甚至可以进入私密空间。

5. 向你的方向微躬是在等你说话

当上司一边说话一边将身体往一侧倾斜，另一只手向前平摊，手心朝上放在桌面上，语速减慢，双眼直视你的嘴唇或眼睛，这说明上司在等待，此时他说什么并不重要，重要的是他在用身体语言告诉你，该轮到你说话了。上司的潜台词是："我要告一段落了，别光听，发表高见。"既然上司做出这个动作，说明他有足够耐心倾听。如果你有不同意见，这时提出最好。和上司说话前一定要打好腹稿，把自认为最精彩的言论放在这时说，上司会格外重视。

两个来自城市的人彼此握手问好，他们会把手伸到距离身体 46 厘米的位置。正如我们前面所提到的那样，一个人对个人空间的需求与他所生活地区的人口密度相关。例如，在人烟稀少的田园长大的人，会比在人口稠密的城市长大的人需要更大的个人空间。所以，我们只要观察对方伸出手的幅度，就能判断他是来自大城市还是小乡村。在城市里长大的人通常需要半径 46 厘米的个人空间。这个半径也是当他们跟别人握手时手腕和身体之间所保持的距离。

把手伸到个人空间的边缘处，可以让彼此问好的两个人互不侵犯对方的个人空间。在人口密度较低的乡间长大的人，通常需要半径 1 米以上的个人空间。同样，这也是他们在跟人握手时手腕与身体之间所保持的距离。两个来自乡村的人在握手时，把手伸到距离身体 1 米的位置。乡村的人在跟你问好时，通常会稳稳地站在原地，为了能够握住你的手而身体前倾；而城里的人则会走上前去跟你握手。在偏远地区长大的人还会需要更大的个人空间，最大的能够达到半径6米。这些地区的人们在彼此见面时不会采取握手的方式，而是远远地站着，向对方挥手问好。

偏远地区的人们在见面时会保持较大的身体距离。生长在城市的农用设备推销员，在偏远农村进行上门推销时，一定会觉得上述信息非常实用。比如，一个农民或许需要半径1米至2米的个人空间，那么，如果你跟他握手的话，他就会觉得自己的个人空间遭到入侵，从而产生不快或者抵触的情绪。那些来自乡村的优秀销售员一致认为，在跟乡下的顾客问好时，虽然可以握手但身体不要靠得太近；而在跟偏远地区的农民打招呼时，只要远远地挥挥手就可以了。以这种方式开场的推销，最有可能获得满意的销售成果。

一个人所拥有的房屋和他经常使用的空间，共同构成了他的私有领地。在这些领地遭受入侵的时候，他会为了捍卫它们而战。家、办公室、汽车，都代表着一个人的私有领地，人们会用墙、铁门、栅栏之类的东西明确划分领地的边缘。每一个领地的内部也会被分为若干个小领地。比如，家庭中的某个成员可能会将厨房视为自己的专属领地，在他使用厨房时不允许任何其他成员进入厨房；公司里的某个商务人士可能会对会议室的某个座位特别偏爱，而将它视为自己的专属空间；同样，也许咖啡馆的某个顾客会特别青睐墙角的那个席位。家里的妈妈或者爸爸也会有自己最喜欢的某把椅子等等。所有这些区域要么就是人们所拥有的财产，要么就是人们常常使用的空间。咖啡馆的那位顾客为了充分占有自己喜爱的座位，甚至会在桌面上刻上自己名字的大写字母；公司的那位商务人士为了标记属于自己的座位，会用文件夹、钢笔、书、衣服等东西堆满那个半径46厘米的私密空间。

当你在办公室和上司会面时，如果上司邀请你坐下，而你无意中却没有坐在他指定的那个座位，反而坐在了上司自己喜欢的位置。那么上司一定会因为个人领地被入侵而滋生焦躁情绪，并且随之产生防御心理。其实，一个简单的问题就能化解这样的尴尬。“哪个座位是您的？”落座之前多问这么一句，你就不会误闯入上司的私有领地了。

6. 坐在敌人身边有利于化解矛盾

在西方国家中，做父亲的在家中常坐在椭圆形桌子或长方形桌子两头的位置上，因为它是第一个位置，象征着权威。在中国，长辈总是坐在八仙桌的上首，俗称“朝南坐”。与此同理，在家庭的餐桌上，我们可以从坐的次序分辨出家庭的组成情况，同样，如果一群人坐在会议桌旁开会，领袖人物一定自动地坐在公认为首位的位置上，同时，我们可以从其他人坐的位置离领袖人物位置的远近距离上，判断出他的地位的高低或与领袖人物的亲疏关系。一般，对立的双方，必定相对而坐，心存异议的人，十有八九坐在较远的地方。

那些在会议上站起来发表意见的人，内心必定有一种优越感，认为自己的意见是举足轻重的。而坐着听他发言的人，坐的距离越近，他就越是感到讨厌或不安，而会议的主持者，往往会用手势叫他坐下来发言。

学生时代，每当考试时，如果监考老师走到你身边站下，你心里就会产生一种烦躁不安的感觉，脑子仿佛一下子变得迟钝了，简直不知道怎么做题好。一个女同学说，有一次监考老师走到她身后的空座位上坐了下来，害得她一直心神不定，以致写错了答案。当时，她忍不住想回过头去，冲着监考老师大喊一声：“请你离开，别影响我的考试！”

事实上，父母在责骂孩子时，也总是采用把身体倾到孩子面前的做法，来表明他们间的关系，用以加强父母对孩子的权力感。

国外有许多学者试验着从领域的幅度和私有空间被侵犯时所做出的反应来分析判断一个人的个性。他们经过多个研究发现，被夸奖的人常常离夸奖自己的人很近，而被批评者则坐得远远的，其余的人坐在这两者之间，与夸奖人保持适当的距离。在相同的情况下，性格内向的以及焦虑不安的人也坐得比性格外向的人远些。

因此，如果你的下属抗拒与你合作，你不妨尝试友好地坐在他的身边，因为个人空间突然被侵占，他常会在被入侵者逼得身体后退或者干脆离开之前，发出一连串的预备信号，诸如：摇摆身体、晃脚，或用脚不断地踏地。利用这段局促的时间，不妨说一下你真正的想法，表达一下你对对方的友好看法与希望。当然，并不鼓励你长时间留在对方的个人空间里，否则会让他感到不舒服，适度表达完后，应抽身离开，使他恢复到舒服的状态，留下空间等他消化。这样，有助于化解你们之间的矛盾，从而更好地开展工作。

7. 营造私人空间可能缺乏安全感

一个英国人与一个阿拉伯人聊天，出于礼貌，英国人刻意与阿拉伯人隔开了一段距离，表示不侵犯对方的隐私。而同样是出于礼貌，阿拉伯人总是想靠近英国人，以表示热情和友好。于是，一个人不断退后，一个人不断前进，到他们谈话结束时，两个人已经从原来的地方移动了很远的距离。

这是讲述各国文化差异的一个经典笑话。从“移动谈话”的英国人和阿拉伯人身上，我们看到了各国对个人空间的不同需求。然而，即便是愿意和别人贴近的阿拉伯人也有自己的个人空间，到了他的私人空间的限度，他也会停下移动的脚步拒绝再前进。

这是为什么呢？这里所提及的私人空间的限度其实类似于动物界的领地意识。人类的领地意识有着比较古老的渊源，可以追溯到动物的领地意识。不同的是，动物的领地意识是一种本能行为。比如老虎，据动物学家研究发现，老虎的领地面积方圆数公里，任何擅自闯入这一范围的入侵者都会很快遭受到来自领地主人的防御性攻击。大部分老虎伤人事件是由于人类误闯入了人家的领地而导致的。

与食肉动物相比较，一些食草动物，如麋、麝等的领地范围就要小一点，它们通常用自己的犄角摩擦树皮来标示自己的领地，或留下自己的分泌物，用区别于其他族群的异味来圈出别的族群决不可随意侵犯的“势力范围”，这种领地划分在动物界已成既定规则，即使是同类，见到这些领地记号也会自动避开。

"领地意识"其实就是动物对自己所选区域的食物和配偶的占有权。人的领地意识与此有共同之处，只不过人类是通过对公共领地，如狩猎地、海关、院子、围墙等来区分警示，国家的领地意识也是从个人空间逐步发展而来的。比如我们习惯使用国土分界线来划分国土，有些边境区域还会安排武装人员把守。而我们每个人都对自己的家园怀有一种忠诚感，在遭到侵略时会不惜浴血奋战，这是属于某个特定集体的公共空间。

与这些公共空间相比，私人空间的范围明显要小一些，比如在一些拥挤的场所，如人潮汹涌的商场，摩肩接踵的火车站、电影院、汽车里，甚至是拥挤的电梯里，每个人都有一个内心所能接受的亲密距离尺度。在公共空间，私人空间不可避免地要被他人入侵，而侵入者通常都是陌生人。当个人空间被陌生人侵占，个人会很快做出防御的状态。与动物不同的是，人类不会很快对那个侵入者展开攻击，而首先选择通过对对方行为的躲避或者漠视来解决这种被侵犯的紧张感。比如我们在乘坐电梯时就不喜欢跟任何人说话，并且保持身体一动不动，眼睛一直盯着电梯层数的变化。如果前后左右的人过于贴近自己，我们可能会选择支起手臂，用手指默默往外推挤对方，给予抗议，这是典型的人在自己的私人空间受到侵犯时的防御表现。

属于个人的私密空间，就像我们随身携带的"大气泡"，无形地环绕着我们的身体。我们不希望私人空间被侵犯，所以希望其他人能够跟自己保持适当的距离。不同的国家可能对私人空间大小的要求有所不同。情境再现中的英国人就比阿拉伯人要求得到更多的私人空间。

了解了这个常识，你首先应该关注那些时刻在你面前暗自用物品、动作、情绪等营造出私人空间的谈话者，如果你发现对方有这样的举动，那么可能是你让他感到紧张，或者你不由自主地跟对方过于亲近，乃至触及了他的心理空间底线，而他正在试图警告你。这种情况下，一定要及时抽身远离对方一些，让对方放松警惕，然后再慢慢继续接下来的内容。

你应该注意主动为所面对的对象营造一种令他感到自在、随意、放松的环境，不要太远，也不要太近，千万别过于急切显示你的好感，先给他一定“空间自由”，要不了多久，他就会回馈给你更多的“交流自由”，这个时候再一鼓作气，达成你的目的简直就是轻而易举了。

8. 空间选择透露人的本性

当一个人在陌生场合中选择使用空间时，比如选择电影院里的座位，开会时的座次等，通常会在两个人之间找个位置。如果是在电影院里，当一排的两端都有人坐时，后到的人会坐在中间的位置。在健身房内，后到的人也会选择两条毛巾之间的位置来悬挂自己的毛巾，这样选择是为了避免距离太远或太近而冒犯他人。

电影院里或图书馆里，当有许多空位可供选择时，如果人们选择的位置紧挨着某一个人，就会给对方造成一种压迫感。因为人们选择空间位置的惯性心理需求是和谐与安全。

了解了人们在陌生场合空间位置选择的惯性心理需求，当你有与陌生人接触的意愿时，不妨选择靠近对方但同时又与他保持一定距离的位置坐下。让他感觉到你的友好，又不让他感到受到冒犯，这是奠定进一步接触的基础。

生活中，我们经常要约会，包括工作性质或求人办事等功利性目的的约会。单纯和一般同事、朋友在一起，吃饭聊天，大家的身份在这里都是平等的，没有求与被求之分，也没有高低贵贱之分，这样的活动不存在餐桌上座次礼仪的情况。那么，当你身处这种环境中时，你会选择在桌子周围的哪个位置坐下来呢？观察人们选择位置的不同，可以判断出其性格的差异，大体可以分为四种类型。

第一种，坐在迎面居中位置。这种人生性积极，富有决断力，是领导型人才。需要叫酒水、点菜时，有些人总是推托给别人，相比较之下，这类人会很有主张地简单征询一下大家的意见，很快决定点什么菜。这类人具有较强的决断力和主动性，不过有时他们在一些场合会独断专行，顾及不到他人的想法，比较容易自作主张，有点儿粗心。

第二种，是选择坐在迎面稍偏位置的人。选择这个位置的人始终有一种想成为一个和常人不同的人的意识。他们通常好胜心强，受别人领导时会感到很不情愿，希望自己成为某一个场合的中心人物，但自己又缺乏勇气去领导别人。在比较难处理的事情面前，当看到与自己水平相当的人受到上司青睐时，他们会有一种强烈的竞争念头。如果此类人是女性，一看到有男性去亲近与自己容貌相当的女性时，就会马上产生一种不肯认输的妒意。这种类型的人，因为处处要表现出唯我独尊的态度来，很容易把同伴看作轻视的对象，因此，常会陷入孤独无伴的境地。

第三种，坐在两边的位置。他既不想成为团队的中心人物，也不会把自己贬低到最低的位置。任何时候，他都能给自己准确定位，做到为人爽直、善解人意、不卑不亢，令周围的人都很喜欢自己。如果此类人是女性，也许她自己并不会察觉到，暗地里悄悄喜欢她的男性是相当多的；如果此类人是男性，则很容易受到领导的赏识与重用。

第四种，是选择坐在一角或背向位置的人。这类人平时总是不喜欢引人注目，而喜欢在幕后发挥各种能力，不论做任何事情总会尽其本分，有一种独善其身的风度，这类人无论男女，即使在谈恋爱面对心上人时，也不会采取主动和积极的态度，把真心吐露出来。这种人的低姿态，区别于那种任何事情面前都窝窝囊囊的人。尽管有时他不表态，不等于他没有自己的主意，有时甚至比谁都看得更明白，别看他的举动一般都比较被动，但有时也会做出大胆的举动来，使得周围的人大感意外。

空间语言之所以能给人以无声的心理暗示，有许多原因起源于人类进化过程中的礼仪习惯。譬如，自古以来，在人前放低身体的高度是一种建立从属关系的态度表示，所以封建社会称皇帝为“皇上”。譬如，皇帝周围的人，在与他对话时，开口之前先称自己是奴才、微臣等。在拜见皇帝时，女性多半会行屈膝礼，男性则是下马脱帽鞠躬，使得自己显得较为低下。在集会上，演说者常站在箱子之类具有高度的物体上，以显示自己有压倒一切的气势。

在现代交往中，握手的一刹那，有的人会伴随点头、身子前倾等肢体动作，给人的感觉往往是，动作幅度大的一方为相对弱势的一方，即使是平等关系，也可以判断出他此时是有求于人。在现代职场中，总是向上司卑躬屈膝的人，常被周围的人称呼为“舔鞋子的人”。

空间语言已经形成，可以说已经渗透到了每个人的心灵深处，不承认并不等于它不存在。要想使自己的处世本领如虎添翼，不可不研究空间语言，重视空间选择的暗示性作用。

图书在版编目（CIP）数据

微动作心理学：动作出卖内心 / 王志艳，周强编著.
—哈尔滨：哈尔滨出版社，2019.6
ISBN 978-7-5484-4687-3

Ⅰ. ①微… Ⅱ. ①王… ②周… Ⅲ. ①动作心理学 - 通俗读物 Ⅳ. ① B84-069

中国版本图书馆CIP数据核字（2019）第 085621 号

书　　名：微动作心理学——动作出卖内心
WEI DONGZUO XINLIXUE——DONGZUO CHUMAI NEIXIN

作　　者：王志艳　周　强　编著
责任编辑：杨浥新　滕　达
责任审校：李　战
封面设计：源画设计室

出版发行：哈尔滨出版社（Harbin Publishing House）
社　　址：哈尔滨市松北区世坤路738号9号楼　　邮编：150028
经　　销：全国新华书店
印　　刷：哈尔滨石桥印务有限公司
网　　址：www.hrbcbs.com　　www.mifengniao.com
E-mail：hrbcbs@yeah.net
编辑版权热线：（0451）87900271　87900272
销售热线：（0451）87900202　87900203
邮购热线：4006900345　（0451）87900256

开　　本：787mm × 1092mm　1/16　印张：15.75　字数：223千字
版　　次：2019年6月第1版
印　　次：2019年6月第1次印刷
书　　号：ISBN 978-7-5484-4687-3
定　　价：38.00元